説明0《ゼロ》秒！

一発OK！

驚異の「紙1枚！」プレゼン

浅田すぐる
Asada Suguru

日本実業出版社

はじめに

「プレゼンが苦手」なら「話さなくてもOK」を目指せばいい！

本書を手に取ってくださり、ありがとうございます。タクシーの動画広告みたいなタイトルですが、内容はいたって真面目かつ実用的な本です。パラパラとめくってみて何かしら感じるところがありましたら、最後までお付き合いください。

プレゼンや資料作成をテーマにした書籍は数多く存在するため、あなたはすでに何冊か類書を読んだことがあるかもしれません。一方、ビジネス書を読むこと自体、今回が初めてだという人もいるでしょう。いずれにせよ、あらかじめクリアにしておきたい点があります。

この本は、他の資料作成本やプレゼン指南本と何が違うのか。

キーワードは「**時代性**」と「**不変性**」、そして内容の「**希少性**」の三つです。

まず一つ目の「**時代性**」。これはいったいどういう意味か。

私は2015年に、『トヨタで学んだ「紙1枚！」にまとめる技術』（サンマーク出版）という本で、作家デビューをさせてもらいました。当時、この本はビジネス書ランキングで月間1位を獲得し、年間でもベスト4に入る実績を残すことができました（出典：「全国出版協会」発表の統計による）。多くの読者さんのおかげで、累計25万部超、海外でも5か国で翻訳されるベストセラー・ロングセラーとなっています（いずれも本書執筆時点）。

そうした作家活動の一方で、普段は社会人教育の専門家として「教える仕事」をしています。企業研修や講演会等を通じ、日本全国のビジネスパーソンと接する機会があるのですが、今でもこの本をテーマにした登壇依頼は多く、累計受講者数は10，000名を超えています。

とはいえ、書籍発刊はもう5年前のことです。私たちを取り巻くビジネスコミュニケーションの環境は、大きく変わりつつあります。

特にここ5年ほどは「働き方改革」の大号令のもと、さまざまなワークスタイルで働く人が増えてきているのではないでしょうか。（本書の完成直前にコロナ・ショックが起きました。これを契機に、変化はさらに加速していくでしょう。）

私がサラリーマン時代の大半を過ごしたトヨタ自動車株式会社（以下トヨタ）の東京本社でも、東京オリンピック・パラリンピックの開催期間中は在宅勤務にするというニュースが出ていたくらいです。私が働いていた頃は、労務管理等の観点から、社外で仕事をすることには厳しく制限がかかっていました。

ところが、いまや会社をあげて「出社しなくても仕事が回るようにしていこう」となっているわけですから、変化の激しさに驚くばかりです。

ただ、この話は決してトヨタに限ったことではないと思います。あなたの会社でも、大なり小なり同じような流れは起きつつあるのではないでしょうか。

通勤電車に揺られ、オフィスビルに出社する。打合せの時間になったら自席を離れ、全員が会議室に集まったところでミーティング開始。手元には何枚も配付資料があり、前方

のスクリーンにはプレゼン用のスライドが投影されている。薄暗い部屋の中で流れていくスライドを眺めつつ、時には資料にも目をやりつつ、相手の説明を聞いていく。その後、必要に応じて発言や議論、質疑応答などを繰り返し、決裁が下りたら会議終了。

こうした景色が、これまでの日本のビジネスコミュニケーションにおいては典型的だったと思います。当然ながら、平成の間に出版されたビジネス書もまた、こうしたシチュエーションを前提にして書かれたものが大半でした。

一方で、本書は令和の時代に、また２０２０年代の最初の年に出版されます。変わりゆくビジネスシーンに合わせて、資料作成やプレゼンの考え方・手法等も、アップデートが必要になるはずです。

たとえば、

- **遠隔での会議や打合せが増えるなかで、プレゼン資料はどうあるべきなのか？**
- **「チャット」と「メール」によるコミュニケーションの使い分けは？**
- **「デジタル完結」の働き方を盲目的に受け入れて本当によいのか？**

こうした環境変化を踏まえて、本書は書かれています。日々、多種多様な業界のさまざまな役職のビジネスパーソンと対話しながら、掲載する内容を吟味しました。

あなたが抱えている悩みと重なる部分も、きっとあるはずです。ぜひお役立てください。

「時代性」に続いて、二つ目は「**不変性**」というキーワードをあげておきました。

たしかに今、ビジネスコミュニケーションの環境は大きく変化しています。

こうした変動期において、人はどうしても「変わった点」に注目しがちです。

一方で、「変わっていない点」あるいは、「変えてはいけない点」もあるのではないでしょうか。

時代や環境を問わず、価値を失うことのない考え方や世界観。資料作成やプレゼンの世界にも、そういった「本質」があるのです。むしろ、本質をつかんでいない状態で新しいコミュニケーションスタイルに対応しようとすると、かえって相手に伝わらなくなってしまいます。効率化を目指していたはずが、実際には余分に時間がかかってしまった。あるいは、何回も伝えなければならなくなってしまった、等々。これでは本末転倒な状況になりかねません。

詳しくは本文の「第1章」で解説していきますが、この場で一つだけ例をあげると、「**資料作成の本質は、考え抜くこと**」です。

私たちは、ただ「プレゼンの時に必要だから」資料を作っているのではありません。資料を作成しながら、その過程で私たちは自身の担当業務について「深く考える」ことができます。

- この業務が今抱えている、「最大の問題」は何なのか？
- どんな「あるべき姿」が、このプロジェクトには求められているのか？
- 今回の企画は、「突き詰めると何を目的にして」実施するものなのか？

資料と対話しながら、こうした問いについて「考え抜く」わけです。その結果、文書に反映される一つひとつの言葉が研ぎ澄まされていきます。そうした過程を経てプレゼンの場に臨むからこそ、堂々と自信をもって話すことができるのです。ところが、いまや「ペーパーレス」を合言葉に、「資料作成を禁止」にしている職場すらあると聞きます。そこまで極端でなくても、たとえばビジネスチャットや在宅勤務を導入した企業では、資料作成ニーズが少しずつ弱くなってきているはずです。

私は決して、そうしたコミュニケーションを否定したいのではありません。

ただ、資料作成の機会が減ることによって、自身の担当業務について「考え抜く機会」もまた減っているのだということに、気がついてほしいのです。

現代のビジネスパーソンは、仕事で「考え抜く」機会を奪われている。だとするならば、資料作成以外にも何らかのカタチで、「考え抜く機会」を意識的に確保していく必要があるのではないか。

本書の「第2章」で「紙1枚」による「プレゼン資料作成法」を紹介していきますが、そのベースは「第1章」で学ぶ「紙1枚」による「**思考整理法**」です。「思考整理法」とは、すなわち「考え抜く方法」だと思ってください。「考え抜く力」は、どんな時代になっても必要な「**不変の力**」です。本書を読んで実践すれば、「紙1枚」書くだけでこの力を高めることができます。資料作成やプレゼン等、日々のビジネスコミュニケーションに役立てていくことが可能になります。

「時代」に合わせたカタチで、「不変」のチカラを高めていく。

これが、「不変性」というキーワードに込めた意味です。

本書が他の類書と異なる三つ目のキーワード。最後は、内容の「**希少性**」です。

私はもともと、プレゼンが本当に苦手でした。今でこそ、ビジネスコミュニケーションのカイゼンをテーマに、日本中で登壇の機会をいただけるようになりました。また、自身でもビジネススクールやオンラインサロンを開講し、多くの方に受講してもらえるようにもなりました。

ですが、以前は大人数を前にしてプレゼンすると、途中で何を話しているのか自分でもよくわからなくなってしまうような状態でした。上司にプレゼンしたくても、そもそも何を伝えたらよいのか自体がわからず、何日も抱えて仕事を停滞させてしまったこともあります。

そんな私を救ってくれたのが、トヨタの「紙1枚」文化でした。

私がいた職場では、コミュニケーションの際、できるだけ「手ぶら・口頭では済ませない」というスタイルが基本になっていました。手元には「紙1枚」の資料があり、それをお互いに見ながら、提案・報告・連絡・相談等が行なわれていたのです。コミュニケーションが苦手な私にとって、これは本当にありがたい慣習でした。「紙1枚」の資料を準備する過程で、先ほども書いたような「考え抜く」

プロセスを踏むことができたからです。その結果、私のような説明下手なビジネスパーソンでも、自信をもってプレゼンに臨むことができるようになっていきました。何より、考え抜いた「紙1枚」資料を見せて伝えると、実は「ほとんど話さなくても伝わる」状態になってしまうのです。

詳しくは「第3章」で解説しますが、私はプレゼンの本質は、

Silence is Goal.（サイレンス・イズ・ゴール）

だと考えています（注：ゴールドではありません）。すなわち、**「できるだけ話さなくても伝わる状態を目指す＝プレゼンのゴール」**

本書であなたが手にする「紙1枚」によるプレゼン能力は、この「サイレンス・イズ・ゴール」をベースにしています。ほとんど話す必要がないわけですから、当然ながら「時短」につながります。

これまで30分かかっていたプレゼンが10分になったり、やり方次第では限りなく0分に近づけていくことすら可能になってくるでしょう。本書のタイトルを見て「説明0秒？　そんなことあり得ない！」と感じた人も多いと思いますが、これにはちゃんとタネも仕掛けもあります。

「説明0秒」プレゼンの具体的な方法については、本文での解説を楽しみにしていてください。少なくとも現時点で、「なんだか随分と変わったことが書いてありそうだな」という印象はもってもらえたはずです。

まさにその通りで、類書にはない「**希少性**」が本書の大きな特徴になります。

以上、この本は、プレゼン下手だったかつての私が、「紙1枚」書くことで苦手をどうやって克服していったのか。その体験をベースにして書かれた本です。

プレゼン指南本は、魅力的なカリスマプレゼンターによって書かれることも多いのですが、あなたにそういったカリスマ性はあるでしょうか。もしあるのなら、本書の内容は不要です。そのカリスマ性を存分に発揮し、これからも相手を魅了していってください。一方、あなたがもし、かつての私と同じようにプレゼンもコミュニケーションも苦手で、本音を言うと「**できるだけしゃべらないで仕事を済ませたい**」という想いをもっているのだとしたら……。

本書はきっと、あなたの「座右の書」の一つになると思います。

ここまでの内容に何かしら響くところがあったのであれば、どうぞ最後までお付き合いください。

本文で再会できることを、楽しみにしています。

「1枚」ワークス株式会社
代表取締役・浅田すぐる

目次

説明0秒！　一発ＯＫ！
驚異の「紙１枚！」プレゼン

第1章 「紙1枚」思考整理法

第2章

「紙1枚」資料作成法 95

第3章

「紙1枚」プレゼン

終章 「紙1枚」から「紙0枚」へ 191

◎おわりに

ブックデザイン●秋元 真菜美（志岐デザイン事務所）
DTP●一企画

序章

「紙0枚」から「紙1枚」へ

「説明0秒！」の話をする前に…

本文を読み始めてくださり、ありがとうございます。

さっそく「説明0秒」「紙1枚」プレゼンの具体的な話を！　という気持ちもあるとは思いますが、何事も準備が大切です。まずは「序章」として、少しだけ視野を広げて「大きな話」をさせてください。「大きな話」とは、あなたが日々仕事をしている舞台である「日本のビジネス環境の変化」についてです。といっても、本書は学術書ではないので難解なことを論じていくつもりは毛頭ありません。

ただ、今後に向けた前提として、「紙1枚」プレゼンがどんなビジネス環境をベースにして構築されたものなのか。そのことについて、あなたとの共通認識を作っておきたいのです。

そうすれば、自分で実践していく際にあれこれ疑問がわいたとしても、自力で思考整理して回答を出すことができるようになります。「どうしてこんなことをやるのか」「この手順にはどういう意図があるのか」といった問いの答えは、すべてこの「序章」の認識がベースです。

とにかくわかりやすさ重視で、シンプルに解説しました。

今後も繰り返し参照するつもりで、まずはさらっと一読してみてください。

これだけ「考え抜いてから」依頼してくれると助かります

「はじめに」でも書きましたが、2015年に『トヨタで学んだ「紙1枚!」にまとめる技術』を出させてもらって以降、企業研修や講演登壇の依頼が劇的に増えました。これから書く話は、当時引き受けたある大企業からの相談についてです。

打合せの際、人事担当者さんから次のような説明を受けました。

「私たちは、ホワイトカラーの仕事の8割は、資料作成と会議だと考えています」

「なかなか大胆なまとめをするな」というのが第一印象でした。ただ、私も同じような認識でしたので、共感しながらその先の発言を聞いていました。

「資料作成と会議の効率化について、さまざまな議論を重ねました。その際、たとえば資料を効率化しようと思えば、究極的には資料なんか作らなくてもOKという状態が、最も時短になるのではないかという話もでました。いわゆるペーパーレスの推進です。ただ、それだと会議でコミュニケーションをする際には、むしろ伝わりにくくなってしまうという意見もでてきました。

だからといって、資料が何十枚もあっては、もちろん時短になりません。

資料作成の効率化と会議の効率化、両者の交差点にあったのが、『紙1枚』でした。『紙1枚』資料を用いた、『紙1枚』プレゼンによる会議。これがビジネスコミュニケーションの最適解であるという認識に至り、このテーマで研修をされている浅田先生にお願いすることにしました」

通常、ここまで事前に「**考え抜いてから**」話を持ちかけてくれるような企業は、正直言ってほとんどありません。なので、この時のことは今でもよく覚えています。ただ、「今でも」と書いた通り、この話は2015年当時のものです。この5年で、ビジネスコミュニケーションの状況は随分と変わりました。当時とは異なるスタイルの「資料」や「会議」も増えてきていると思うのですが、あなたの職場ではいかがでしょうか。

いったい何が言いたいのかというと、本書のテーマである「紙1枚」資料や「紙1枚」プレゼンを取り巻く現在の環境は、「アゲンスト」。かなりの「向かい風」にさらされている状況なのです。

三つほどキーワードをあげながら、この点について解説をさせてください。

「紙0枚」化する世界

一つ目のキーワードは、コミュニケーションの「**より一層のデジタル化**」です。

たとえばここ数年、受講者さんからこんな話を聞く機会が増えてきています。

「正直、今年はほとんどパソコンで資料を作りませんでした」
「最後にプリンターで資料を打ち出したのはいつだろうという感じです」
「全社員にタブレット端末が支給されて以降、資料をタブレット上で見ながら会議をすることが日常になりました」

要するに、「資料を作ること自体が減ってきている」、あるいは「そもそもまったく作らなくなった」というビジネスパーソンが増えているということです。

また、たとえ資料を作ったとしても、それをプリンターで出力しない。代わりに、各個人のパソコンやタブレット端末のディスプレイに資料を表示し、全員がそれを見ることで打合せを済ませてしまう。そんなケースが、職場によっては日常化しつつあるのです。

ここまで読んでみて、あなた自身や、あなたが過ごすオフィスのコミュニケーション環境はどうでしょうか。ぜひ自身の状況と向き合いながら、以降を読み進めていってください。

ビジネスチャットはまだ4割⁉

二つ目のキーワードは、デジタル化を加速させる**「ビジネスチャットの普及」**です。

メールが一般化したのは、1990年代の後半頃。それから約20年後の2010年代後半になって浸透し始めたのが、「ビジネスチャット」です。あなたの職場でも、Slack（スラック）やChatwork（チャットワーク）、Teams（チームズ）などのサービスをすでに利用しているかもしれません。本書執筆中の2019年末に、さまざまな業界のビジネスパーソンが集まる法人向けセミナーに登壇する機会がありました。その際、「ビジネスチャットを使って仕事をしている人はいますか？」とアンケートをとってみたところ、約4割の参加者から手が上がりました。

IT業界やベンチャー界隈ではかなり前から使われていたので、読者によっては「まだ4割なの？」と感じる人もいるかもしれません。ですが、私が法人案件で定点観測的にアンケートをとり続けているなかで感覚として言えることは、ここ3年ほどで普及のスピードがようやく上がってきたということです。あと数年もすれば5割を超え、そこから8割超まではあっという間でしょう。

とはいえ、現在はまだ過渡期です。「ビジネスチャットって何ですか？」という読者も数多くいると思います。そこで、簡単にではありますが説明しておきましょう。

ビジネスチャットは、メールよりも気軽に、文字通り相手とチャット＝会話するような感覚でコミュニケーションを行なえるツールです。「お世話になっております」「表題の件」といったメール特有のかしこまった文体を使う必要がないため、コミュニケーションのスピードがアップします。

また、文章だけでなく音声や動画でのやりとりも簡単にできるため、従来よりも提案や報告・連絡・相談等の選択肢が広がります。加えて、リアルの会話と違って、デジタル空間に記録を残すことが容易です。その会話を見てほしい人にシェアすることも、サクサクできてしまいます。

よくある「言った言わない問題」が防げますので、情報の記録や共有という観点でも、非常に便利なツールだと言えるでしょう。

ビジネスチャットと資料は相性が悪い？

さて、こうした新しい選択肢が登場してきたことによって、ビジネスパーソンの中には、次のように考える人たちがでてきました。

「資料作成やメールの作成は、昔からとにかく堅苦しくて面倒だった。そんなことをしている時間があったら、さっさとチャットで相談し、ラフなコミュニケーションを重ねながら仕事をしていった方がよっぽど効率的だ。以前は直接会わない限りそんなことは不可能だったが、ビジネスチャットを使えば、時間も場所も選ばないで簡単に実現できてしまう。こんな便利な話はない。これからはチャットベースで仕事をすれば十分だ」

以上のような認識から、導入を決める企業が相次いでいます。実際、ビジネスチャットを使っている受講者さんにインタビューをしたことがあるのですが、同僚とのコミュニケーションの量は、以前より増えたそうです。

一方、メールや資料作成の頻度は、逆に減ってきているという話もありました。

当初は、資料をチャット上で共有していたそうですが、「これって資料を作るほどの話なの?」「スマホだと資料が見にくいからビデオ通話で要点だけ話して」などと言われてしまうようになったそうです。背景には、前述の「めんどくさい」という感覚が強くあるのかもしれませんが、ともかくチャットで資料を共有されると、そもそもファイルを開く気にならない。

そういう感覚になってしまう人も、一定数いるようなのです。結果、次第に資料自体が作成されなくなってしまうわけですが、あなたの職場でも似たようなことは起きているでしょうか。あるいは今後、導入されたら起きてしまいそうでしょうか。

リモートワークを導入すると何が起こるのか?

最後に、三つ目として「**テレワークの拡大**」をあげておきます。

この言葉については、「リモートワーク」「在宅勤務」「多様なワークスタイル」等々、類似のキーワードが多数存在します。なので、あなたが一番しっくりくるワードで理解してもらえればＯＫです。

ともかく、「テレ＝離れて、ワーク＝働く」、すなわち、在宅勤務やフリーアドレス、日本各地、世界各地、等々。さまざまな時間や場所、勤務形態の人たちが、ネットを介してビジネスコミュニケーションを行なう。こうしたワークスタイルが、これから当たり前になっていくという話です。

では、「紙1枚」プレゼンの観点でこうした環境変化が何を意味しているのかというと、やはり「たとえ1枚であっても、資料を作るなんてもう面倒だ」という話になります。

たとえば以前、在宅勤務をしている受講者さんと話す機会があったのですが、家にそもそもプリンターがないと聞いて驚いたことがあります。

職場との打合せは、すべてZOOM（ズーム）というオンライン会議システムで行なっているという話でした。遠隔の場合、資料を作ってお互いにプリントアウトし、それを手元で見ながら話そうという動機は、どうしても弱くなりがちです。

結果、資料自体をそもそも作らなくなってしまった。それで半年間続けてみたが、特に困ることもなかったので、プリンター自体をメルカリに出品して手放してしまったというのです。

以上、「より一層のデジタル化」「ビジネスチャットの普及」「テレワークの拡大」という三つのキーワードをあげてみました。

煎じ詰めれば、「**デジタル完結**」でビジネスコミュニケーションを行なう人、あるいは行なうことがこれからの時代に相応しい働き方だと感じる人が増えてきているということです。

もちろん、今はまだ過渡期なので、この本を読んでいるあなたの感覚や、あなたを取り巻く状況はさまざまだと思います。それでも、大きな流れとしては、ここまでに書いてきたようなことが今後も進んでいく。そういう認識はあらかじめもっておいてほしいと思います。

（この本の脱稿直前に、新型コロナウイルスによるパンデミックが発生しました。そして、この有事をきっかけに、多くの企業がリモートワークを導入し始めました。ただ、検討時間がまったくなく、見切り発車で実施を決めているケースが散見されるため、今後の混乱が危惧されています。本書の刊行は2020年4月であり、その時点で何が起きているかはまったくわかりません。ただ、どのような事態になっているにせよ、性急なリモートワーク導入で混乱している企業にとって、本書で提示している見解や整理は間違いなく役に立つはずです。今後の一助としてお役立ていただけましたら幸いです。）

「紙1枚」なんてもう古い⁉

さて、ここまで読んでみて、もしかすると少々不安を感じている読者がいるかもしれません。「紙1枚」プレゼンというテーマでこの本を読み始めたのに、なんだか資料を使ったコミュニケーションなんてもう時代遅れなんじゃないかという話になってきているわけです。

「こんなことを冒頭から書いてしまって、この本はこの先大丈夫なのか」という具合に、本書の行く末を心配してくれている読者もいるかもしれません。

もちろん、結論としてはこの後、「紙1枚」プレゼンは必要です！　という話になっていきます。

そのことを理解するための最大のキーワードは、次の4文字です。

思考整理

いったいここからどういう展開を経て、ここまで書いてきたようなビハインドな流れでも「紙1枚」プレゼンが必要になってくるのか。そして、「思考整理」という言葉につながっていくのか。そんな問いを立てながら、以降を読み進めていってください。

「紙1枚」という「制約」が授けてくれたギフト

私の仕事は、社会人教育の世界で、「紙1枚」にまとめる技術をビジネスパーソンに広めることです。そんな立場だからこそ、随分とネガティブなコメントをもらったこともあります。なにせ、「資料を使ったプレゼンなんてもう必要ないのでは？」という話です。

実際、「紙1枚○○みたいな資料作成やプレゼンスキルって過去に何度か流行ったみたいですけど、もうオワコンですよね」と言われたこともあります。

こうした環境変化に対する私の見解は、次の通りです。

「紙0枚」時代が来るからこそ、「紙1枚」にまとめる技術はますます必要になる！

私個人が何をどう頑張ろうとも、デジタル・コミュニケーションは今後さらに加速し、浸透していきます。紙ベースの資料を使わない、**「紙0枚」時代**の到来です。ただし、ビジネスコミュニケーションの「より一層のデジタル化」や「チャットによるその簡素化・カジュアル化」、あるいは「テレワークの一般化」等によって、「ある力」がビジネスパーソンから削がれていくのではないか。

この点については、もう10年以上前からずっと危機感を抱き続けています。

だからこそ、私は2015年に『トヨタで学んだ「紙1枚！」にまとめる技術』を世に問いかけた。

そう言っても過言ではありません。

「ある力」とは、**「考え抜く力」**のことです。

遅くまで会社に残っていた本当の理由

「はじめに」に少しだけ書きましたが、私はサラリーマン時代、トヨタで毎日のように「紙1枚」資料を作成し、それをプレゼンしながら仕事を進めていました。

資料を「紙1枚」にまとめていく。

こう書いてしまえばシンプルですが、慣れるまでは本当に大変でした。当時の私にできることは、過去に先輩社員たちが作成した資料を、物真似してみることくらいでした。とはいえ、所詮は猿真似レベルでしか作れません。上司に見せると毎回、真っ赤に添削されて返ってくる状態でした。以後、同じようなやりとりを何百回と繰り返すなかでようやく、資料を「紙1枚」にまとめていくうえで「どんな問いを立てたらよいか」がわかるようになってきました。ものごとの「本質」を問えばよいのです。

●「そもそも、この業務は何のために行なっているのだろうか？」
●「今起きている問題の根っこの原因、原因の原因の原因は何だろうか？」
●「どんなアクションをすることが、最も効果的かつ現実的なのだろうか？」

資料を「紙1枚」に収めなければならないという「制約」のおかげで、私は自然と、こういった本質的な問いを発する習慣を身に着けていったのです。考えをまとめてみては書き直し、また再度考えて、より適切な言葉は何かと探究してみる。そうやって考えが研ぎ澄まされていけばいくほど、一つひとつの文は短くなり、資料の枚数も減っていく。

その最終ゴールが、「紙1枚」なのです。

当初は、この思考回路と基本動作をラーニングするためにたくさん残業しました。習慣化できた後も、ケースによっては資料作成のためだけに、深夜まで会社にいたこともあります。

「働き方改革」が叫ばれる現在なら、間違いなく「帰れ！」と言われてしまうでしょう。

ですが、どうか表面的な姿だけで判断しないでください。

私は、ただ資料作成をしていたのではありません。資料を作成しながら、内容を「紙1枚」にまとめながら、自身の仕事について「考え抜いていた」のです。

実際、20代の頃にこれでもかというくらいに「考え抜く力」を磨けたことは、今につながる一生モノの財産になっています。

独立後7年間、ずっと右肩上がりで成果を出せているのも、こうやって6冊も本を書かせてもらえるようになったのも、トヨタで「紙1枚」にまとめながら培ってきた「考え抜く力」のおかげです。

「考え抜いた」からこそ、資料を「紙1枚」レベルに収めることができます。
「考え抜いた」からこそ、プレゼンで話す言葉が研ぎ澄まされていきます。
「考え抜いた」言葉には、説得力が生まれます。

だから、プレゼンでツッコまれること自体が少なくなります。仮にツッコまれたとしても、徹底的に「考え抜いた」後なので、何を聞かれても、当意即妙な応答が可能になります。何度かそういった受け答えをすれば、相手は安心し信頼もしてくれますので、プレゼンを2回3回と追加でやることはありません。結果、最短時間でのプレゼンを量産できるようになってくる。これが、本書であなたが手にする「紙1枚」プレゼンによるビジネスコミュニケーションの景色です。

ビジネスチャットを導入したある組織の末路

ここまで何度か、「働き方改革」という言葉を使ってきました。このキーワードに関する私の認識は、次の1行に集約できます。

働き方改革のセンターピンは、「考え抜く力」

「考え抜く力」が弱い状態で時短や生産性を追求しても、伝わらないコミュニケーションが薄っぺらく拡大再生産されていくだけです。にもかかわらず、これからはペーパーレスやデジタル化の推進によって、資料を作成する機会がますます減っていきます。

資料作成を通じて「じっくり考え抜いてから」コミュニケーションを積み上げていくスタイルは廃れ、チャットで気軽に、スピーディーなコミュニケーションを量産することの方がよしとされてしまう時代……。

「考え抜く力」を身に着けていないビジネスパーソンが、「デジタル完結」の働き方を実践したらいったいどうなってしまうのか。数年前から職場でビジネスチャットを使っている管理職の受講者さんから、象徴的な話をしてもらったことがあります。

「ビジネスチャットのせいで、コミュニケーションの質が下がりました。部下はたいした考えもなく、すぐにチャットで話しかけて報告・連絡・相談をしてきます。数年前から、社外で働くことが広くＯＫになってしまったので、どこにいてもチャットで捕まえられてしまい逃げ場がありません。せめてもう少し、自分なりに考えてから話しかけてほしいです。何が言いたいのかさっぱりわからない、というより部下本人もわかっていないということが多く、あれこれ確認していたらあっという間に時間が経ってしまいます。業務効率化になんてまったくなってないですよ」

このコメントの背景に何があるかは、ここまでの文脈で明らかだと思います。

「考え抜いて仕事をする習慣」をもたない社員が使うから、「チャットをしていたら1日が終わってしまった」などという働き方になってしまうのです。自分では深く考える習慣がないため、スマホで検索でもするような感覚で、すぐに「外に答え」を求めてしまう。周りに相談してしまう。

気軽に相談できること自体は強みですし、こういう時代ですから、たしかに情報自体はいくらでもあふれています。

ただ、「考え抜いて仕事をする習慣」のあるビジネスパーソンなら、そもそも不用意に周りに聞いたりしません。相談する時の言葉の数や、その頻度も最小限です。周囲で働く人たちの貴重な時間を過剰に奪ってしまう、なんてことはありませんから、これが働き方改革が目指す正しいデジタル化の姿と言えます。


本質は、「考え抜く力」の有無なのです。

「デジタル完結」でも仕事が成立する重要な条件

ビジネスチャットを導入したら、職場のコミュニケーションの生産性が上がる。

ツールを普及させたい人たちはそう強調しますが、本当にそうでしょうか。

私はトヨタを辞めた後、すぐに独立したわけではありません。いったん転職して、グロービスというビジネススクールに勤務していた時代があります。グロービスは、MBAを取得できる学校を運営している会社です。そこには、当然ながら優秀なビジネスパーソンが多数集まっていました。

私がトヨタとのギャップを一番感じたのは、彼ら彼女らが「あまり資料を用意しない」という点でした。打合せや会議で集まっても資料を用意することは少なく、メール文面に記載されたアジェンダ（議題）を、各自がパソコン上で確認しているくらい。あとは必要に応じて、その場でホワイトボードを使うケースが大半でした。

それでも仕事がうまく流れていた理由はもちろん、「考え抜いて仕事をする習慣」をもつ社員が集まっていたからです。いちいち資料を作らなくても、頭の中だけで「考え抜く」ことができる。たとえ会議中に行き詰まるような場面があっても、参加者たちの「考え抜く力」が高いため、その場でサッとホワイトボードに書けば解決できてしまう。

そんな高い能力がベースにある組織なら、デジタルツールも有効に機能するでしょう。

「紙なしでも、高度に考え抜くことができるビジネスパーソンが多数いる環境」においてこそ、「より一層のデジタル化」は成立するのです。

ひるがえって、あなたの職場はどうでしょうか。

「考え抜いて仕事をする習慣」をもつ社員ばかりでしょうか。キャリアのどこかで徹底的にトレーニングを積んでいない限り、頭の中だけで高度に「考え抜く力」はなかなか構築できません。

トレーニングの方法自体は色々あり得ますが、資料を日々作成しながら、また繰り返し会議をしながら、少しずつ自身の担当業務について理解を深めていく。その本質をつかんでいく。これが、私にとっての「考え抜く力」を鍛えるトレーニングでした。

そしてこの方法は、たとえ「紙1枚」という制約がなかったとしても、多くの企業にとって「基本的なワークスタイル」だったはずです。

「考え抜く力」を高めていくための基本動作が、「デジタル完結」のワークスタイル普及によって、失われつつある。

そんな盲点に気がついてほしいと思います。

もう、「あの頃」には戻れないので…

ここまで、ペーパーレスやデジタル化によって、「考え抜く力」を養う機会が奪われてしまっているのではないかという問題提起をさせてもらいました。

ただ、そうは言ってもです。

「だったらうちは、ビジネスチャットの導入なんてやめる！
これからもコツコツ資料を作って、会議もたくさんやるぞ！
そのためなら残業もやむなしだ！」

などと言えるような時代ではもうありません。

資料作成の機会は、現実として減っているのです。「紙0枚」でスピーディーなプレゼンが求められる場面は、今後ますます増えていく。であるならば、現実の変化に合わせて、私たちも変わっていく必要があります。そこで思い出してほしいのが、本章の冒頭で紹介した、「仕事の8割は資料作成と会議」という話です。なぜ私が、このフレーズに共感したのかというと、

仕事の8割は、資料作成や会議を通じて「考え抜くこと」である

この認識と、重なるところがあったからです。資料作成も会議も、実は取り組んでいる仕事について「考え抜く」ための手段にすぎない。一段上の視点から、このメッセージを捉え直してみてほしいのです。そうすることで、外してはならないポイントも明確になってきます。

「資料作成やプレゼン」は「手段」にすぎない。「目的」は「考え抜くこと」にある。だったら、

「考え抜く」という目的さえ達成できれば、別に手段は何だってＯＫ

こう、発想の転換をしてみようではありませんか。

「考え抜く」という言葉は「三つのプロセス」でできている

ここでようやく、これまで繰り返し使ってきた「考え抜く」という言葉の意味について、本書での定義をハッキリさせておこうと思います。

本書では、

「考え抜く」とは、「思考整理」を繰り返していくことである

と定義します。では、「思考整理」とはいったい何かというと、

「情報を整理」し、「考えをまとめる」こと

この二つのプロセスをまとめて「**思考整理**」と表現します。

二つのプロセスによって研ぎ澄まされるもの

具体例として、私の体験談をあげてみます。サラリーマン時代、私は海外向けの企業ホームページ（グローバルサイトと言います）の管理人をやっていました。このサイトを抜本的にリニューアルするプロジェクトを担当した際、最初にやったことは、「情報を整理すること」でした。

まず、自社のグローバルサイトに掲載されているコンテンツを一つひとつ確認し、リストアップする。加えて、競合他社のサイトについての情報も可能な限り集めました。ここまでが、「**①情報を整理する**」段階です。

次に、自社と競合の比較を行ない、見つけた課題をカイゼン点として資料にまとめていきました。この部分が、「**②考えをまとめる**」プロセスに該当します。こうした「思考整理」の結果を最終的に

は「紙1枚」にまとめ、さまざまな関係部署に相談して回りました。

すると、自身では把握しきれなかった過去の経緯がわかったり、まだ知らない情報が数多くあるという認識に至りました。

そこで、もう一度「①情報を整理する」「②考えをまとめる」プロセスを繰り返し、資料を作り直します。できあがったら、また別の関係者に相談し、新情報があればその都度、一連の「思考整理」の流れを繰り返していく。

❶情報を整理する→❷考えをまとめる→❶情報を整理する→❷考えをまとめる→❶情報を整理する→❷考えをまとめる→❶情報を整理する……

こうした「思考整理」を繰り返していくなかで、仕事について「考え抜くこと」を実践していたわけです。

以上、私の体験談をあげてみましたが、あなた自身の業務についても、「①情報を整理する→②考えをまとめる」という思考整理プロセスで捉え直してみてください。

仕事内容も業界も一切問いません。あらゆる業務にこの2ステップを当てはめることができますので、ぜひトライしてみてください。

「思考整理」を何度もループさせる（繰り返す）

大切なのは、思考整理のステップを「**何度も繰り返す**」という点です。

それが「考え抜く力」を高めることにつながりますし、これを日常的に実践していれば、次第に繰り返す回数が少なくても対応できるようになっていきます。

1回ごとの思考整理の質も向上しますので、スピードの高速化が可能です。

最終的には、資料を作らなくても同レベルのことができるようになってきますので、先述のビジネススクールのようなワークスタイルも実現できるでしょう。

この「何度も繰り返す」というポイントは、今後の「第1章」以降でそれこそ繰り返し登場してきますので、本書を読み終わるまでにしっかりハラ落ちさせてください。

さて、2020年代のビジネス環境のなかで、私たちはいったいどうやってこうした思考整理のサイクルを回していけばよいのでしょうか。

私の場合は、「紙1枚」にまとめる「資料作成」を通じて、その実践ができていました。

一方で、時代の変化は、私たちから資料作成の機会を奪いつつあります。

「だったら、資料作成ではない方法で、その目的を達成すればいいじゃないか！」

この結論に至るまでに、それこそ何年も「考え抜いた」のですが、ともかくこうした過程を経て考案・構築したのが、

「紙1枚」による「思考整理」法

です。「**資料作成**」法ではありません。「**思考整理**」法です。

具体的には、次ページ【図01】のようなものを、これからあなたに書いていってもらいます。

こうした手書きのフレームワークを活用することで、あなたは思考整理力をカンタンに鍛えることができます。繰り返し「紙1枚」書くことによって、誰もが「考え抜くこと」を習慣化できるのです。

あとは、思考整理の結果をどの媒体に載せて伝えていくかという話になるわけですが、この点については、

図01

「紙1枚」書くだけの「思考整理」法

・日　付: 01/01 ・テーマ:			

・日　付: 01/01 ・テーマ:	What?	Why?	How?
P1?			
P2?			
P3?			

●思考整理の内容を、「資料」に反映してプレゼンする
●思考整理の内容を、「メール」に反映して送信する
●思考整理の内容を、「チャット」に反映して会話する

何が言いたいのかというと、「資料作成」ではなく「思考整理」を出発点にしておくからこそ、さまざまなアウトプット手段に応用できるということです。

私がよく受講者のみなさんに強調しているフレーズとして、

大切なのは、「資料作成」よりも「思考整理」

という言葉があります。この本質さえつかめてしまえば、

- 今後も資料作成業務は残すべきなのか？
- チャットを導入すべきなのか？
- その場合、メールはどうすればよいのか？

といった疑問はすべて解消できます。「思考整理」さえできれば、今後どのようなツールが登場しても関係ありません。その都度、臨機応変に対応することが可能です。

本質を見失うことなく、流行に翻弄されることなく、効率的なコミュニケーションを量産していくことができる。「紙1枚」思考整理法は、そんな日々を実現するための武器なのです。

「働き方改革」のセンターピンとは？

ここまで読んでくださり、ありがとうございました。「序章」はこれで終わりです。「今後のビジネス環境について、本質的なことがわかりやすく言語化されている！」と感じてもらえたのであれば嬉しいです。残念ながら、今回のコロナ・ショックをきっかけに、「浅い思考整理による安直なデジタル化」が日本中で今後加速していくと思います。

たしかに、働き方改革を推進していくうえで「デジタル化」は重要です。それはまったくその通り

なのですが、その条件はデジタル化に対応できるだけの「考え抜く力」にあります。以前のまとめを改めて書き直すと、

働き方改革のセンターピンは、「考え抜く力＝思考整理力」

また、これも以前に書いた、「紙0枚」時代が来るからこそ、「紙1枚」が必要になるというフレーズ。この言葉の真意も、より深く理解できるのではないかと思います。

「紙0枚」時代が来るからこそ、「紙1枚」思考整理法の修得がますます必要になる

こうしたメッセージについて理解してもらえたことを前提に、これから続く3章は、次のような流れで学んでもらうことが最適だと判断しました。

● 第１章：「紙１枚」思考整理法
● 第２章：「紙１枚」資料作成法
● 第３章：「紙１枚」プレゼン

なぜこのような構成になっているかは、もう了解できるはずです。

本書は「紙1枚」プレゼンをテーマとした書籍ですが、そのカギは「第2章」でも「第3章」でもありません。これから「第1章」で学ぶ「紙1枚」による「思考整理法」を通じて、「考え抜く力」を身に着けていく。それさえできれば、「第2章」の資料作成も、「第3章」のプレゼンもサクッと攻略できる。こうした認識で、次のパートに進んでいってください。

第1章

「紙1枚」思考整理法

2020年代に「紙1枚」思考整理法を学ぶ理由

「序章」で共通認識にしておきたかったことは、次の3点です。

●ビジネスコミュニケーションの「デジタル完結」化が進むことで、「資料作成」ニーズは減っていく。
●その結果、従来であれば資料作成を通じて行なえていた、仕事について「考え抜く機会」が奪われていく。
●多くのビジネスパーソンはこの問題にそもそも気づいておらず、盲目的にペーパーレスやデジタル化の流れ＝「紙0枚」時代を受け入れようとしている。

そして、この3点から導き出される何よりも大切なメッセージは、

時代の流れを踏まえ、私たちは「思考整理法」について学び、その実践を通じて「考え抜く力」を磨いていかなければならない

能動的に、主体的に、意識的に、「思考整理」の方法について学ぶ必要性がかつてなく高まる時代。それが令和の、２０２０年代のビジネス環境なのではないか。そんな世界から振り落とされることなく、確固たる軸や自信を育んだうえで、日々のプレゼンを成功させていってほしい。

そんな願いで構築したのが、この章で学ぶ「紙１枚」思考整理法です。

トヨタの「紙1枚」資料には「三つの特徴」がある

私がなぜ、自身の仕事について「考え抜くこと」ができるようになったのか。

「序章」に書いた通り、その答えはサラリーマン時代に日々取り組んでいた「資料作成」でした。まずはこの点について、「序章」より実践的な解説をさせてください。

当時のトヨタには、仕事におけるあらゆるコミュニケーションについて、「紙１枚」を携えて実施する企業文化がありました。

企画書、報告書、分析資料、スケジュール確認、キャリア面談等々、とにかく手ぶらではコミュニケーションを行なわない。何かしら手元に紙がある状態で、提案や報告・連絡・相談等をする。明文化されたルールとして決まっていたわけではありませんが、7万人の社員の大半が、このようなワークスタイルを基本動作にしていました。

ここで、トヨタの「紙1枚」資料の例を見てもらいましょう。【図02】をご覧ください。

軽く眺めただけだと、他のビジネス文書と同じように見えるかもしれません。いったい何がポイントなのかというと、特徴は次の3点に集約されます。

1：「紙1枚」にまとまっていること
2：「枠＝フレーム」で囲われていること
3：「テーマ」が各枠の上部に記載されていること

あなたが普段作成している資料、あるいは職場で出回っている文書には、こういった特徴があるでしょうか。ぜひ、身近で目にするビジネスドキュメントと比べながら、この特徴について理解を深めていってください。

図02 トヨタで作成していた「紙1枚」資料の例

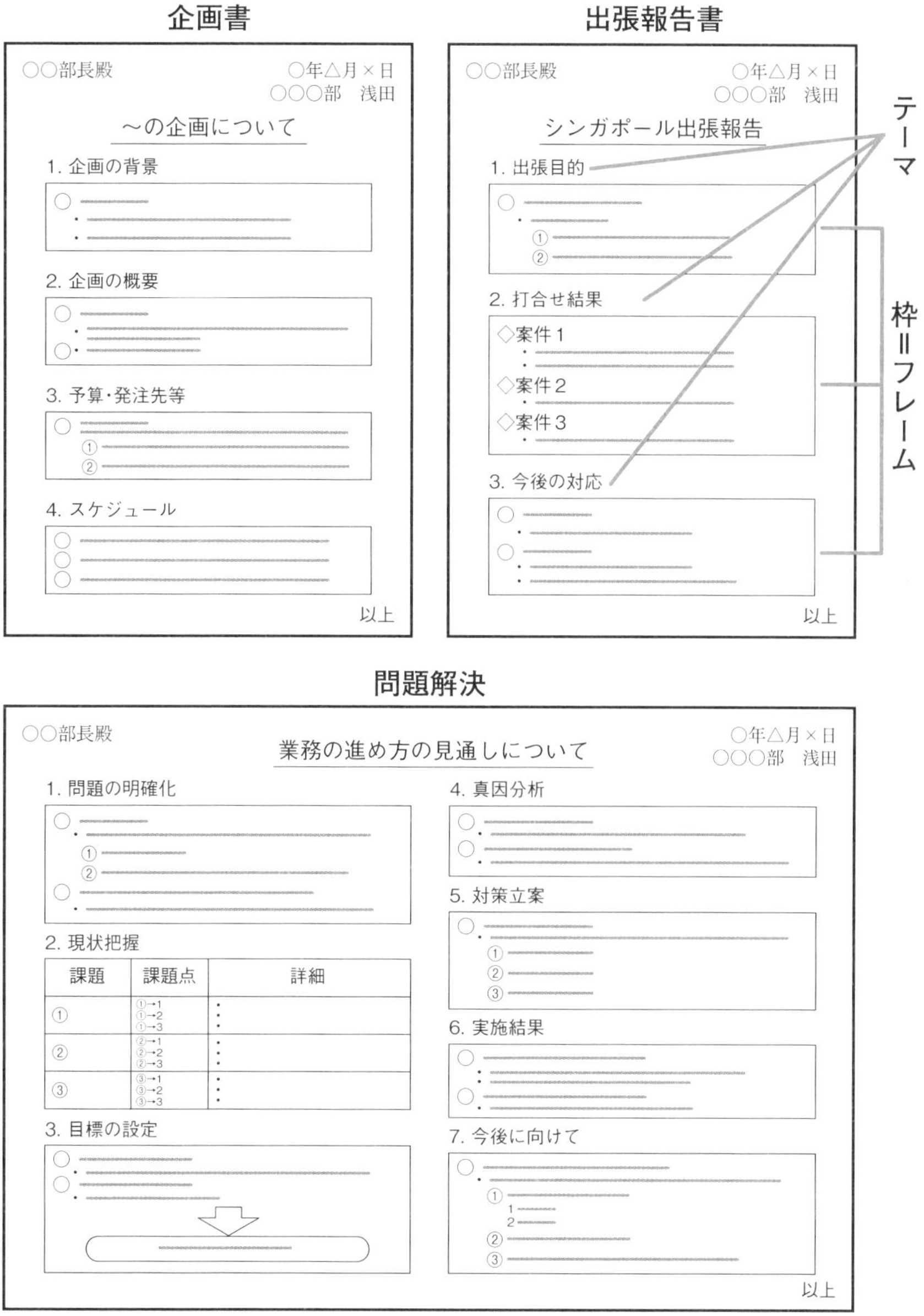
企画書
○○部長殿
○年△月×日
○○○部　浅田
～の企画について
1. 企画の背景
2. 企画の概要
3. 予算・発注先等
4. スケジュール
以上
出張報告書
○○部長殿
○年△月×日
○○○部　浅田
シンガポール出張報告
1. 出張目的
2. 打合せ結果
◇案件1
◇案件2
◇案件3
3. 今後の対応
以上
テーマ
枠＝フレーム
問題解決
○○部長殿
業務の進め方の見通しについて
○年△月×日
○○○部　浅田
1. 問題の明確化
2. 現状把握
課題
課題点
詳細
①→1
①→2
①→3
②→1
②→2
②→3
③→1
③→2
③→3
3. 目標の設定
4. 真因分析
5. 対策立案
6. 実施結果
7. 今後に向けて
以上

制約から生まれる「考え抜く」という日常

一つ目は、「**紙1枚**」にまとまっていること。

「紙1枚」に収めなければならないという制約があることによって、あれもこれもと情報を詰め込むことはできなくなります。その結果、資料を作りながら、次のような問いが自然と浮かんでくるようになってくるのです。

「煎じ詰めると、今回自分が言いたいことは何なんだ？」
「突きつめていくと、主たる原因はどこにあるんだ？」
「結局のところ、実現に向けた最大の障壁は何だと言えばいい？」

「紙1枚」という制約があるからこそ、トヨタで働く人たちは、日々「考え抜く」ということが当たり前の日常になっているわけです。

「A3文化」の衰退

ところで、こうした「紙1枚」文化について、一部で「A3文化」という表現を使っている人たちがいるようですが、もうその言い方はやめた方がよいと思います。たしかに、A4ではなくA3用紙1枚にまとめていくという特徴自体はあるのですが、日常的にはA4の方が多いです。

それに「序章」でみてきた通り、資料をプリントアウトして仕事をする場面は徐々に減りつつあります。パソコンやタブレット上で確認するサイズとして、A3は不向きです。

また、打ち出す場面があったとしても、テレワークによってさまざまな環境で仕事をしていると、A3サイズに対応したプリンターがないというケースも多々あります。かつては「A3文化」という言い方で成立したかもしれませんが、2020年代のビジネス環境では通用しない概念になってくるでしょう。製造業を中心に、「うちは今でもA3です!」というところは当然あるはずなので、最終的には個々の状況次第だとは思います。

ただ、そもそも「A4かA3か?」というサイズ自体には、何の本質もないということ。また、大きな流れとして「A3資料では機能しない場面」が今後増えてくるという認識を、この機会にぜひもっておいてください。

「空白」には心理的な作用がある

続いて二つ目の特徴は、「**枠＝フレーム**」で囲われていること。

理由は、「紙1枚」と同じで、枠もまた「制約」として機能します。結果、なんとかして枠の中に収めようとする過程で、先ほどあげたような「考え抜くこと」ができるわけです。

また、枠の「心理的効果」についても言及しておきましょう。

人間には「空白を嫌う」、あるいは「空っぽの状態になると何かしら埋めたくなる」性質があります。そのため、あらかじめ資料上にブランクの枠をいくつか作っておくだけで、「なんとかして埋めたいな、何を書いたらいいのだろう？」という問いが、条件反射的に立ちあがってくるのです。

そういう意味では、「枠＝フレーム」の存在は、実は「紙1枚」以上に、トヨタの資料作成の本質的機能を担っていると言えるかもしれません。

頭の中だけで、あれこれ考えるのか。それとも枠を見ながら、「ここに何を入れたらいいのだろう？」と考えるのか。研修登壇の際、「どちらが考えをまとめやすいですか？」とアンケートをとったりするのですが、毎回ほぼ全員が後者の方が取り組みやすいと手を上げてくれます。

図03 「空白の枠」と「テーマ」が思考整理を促す

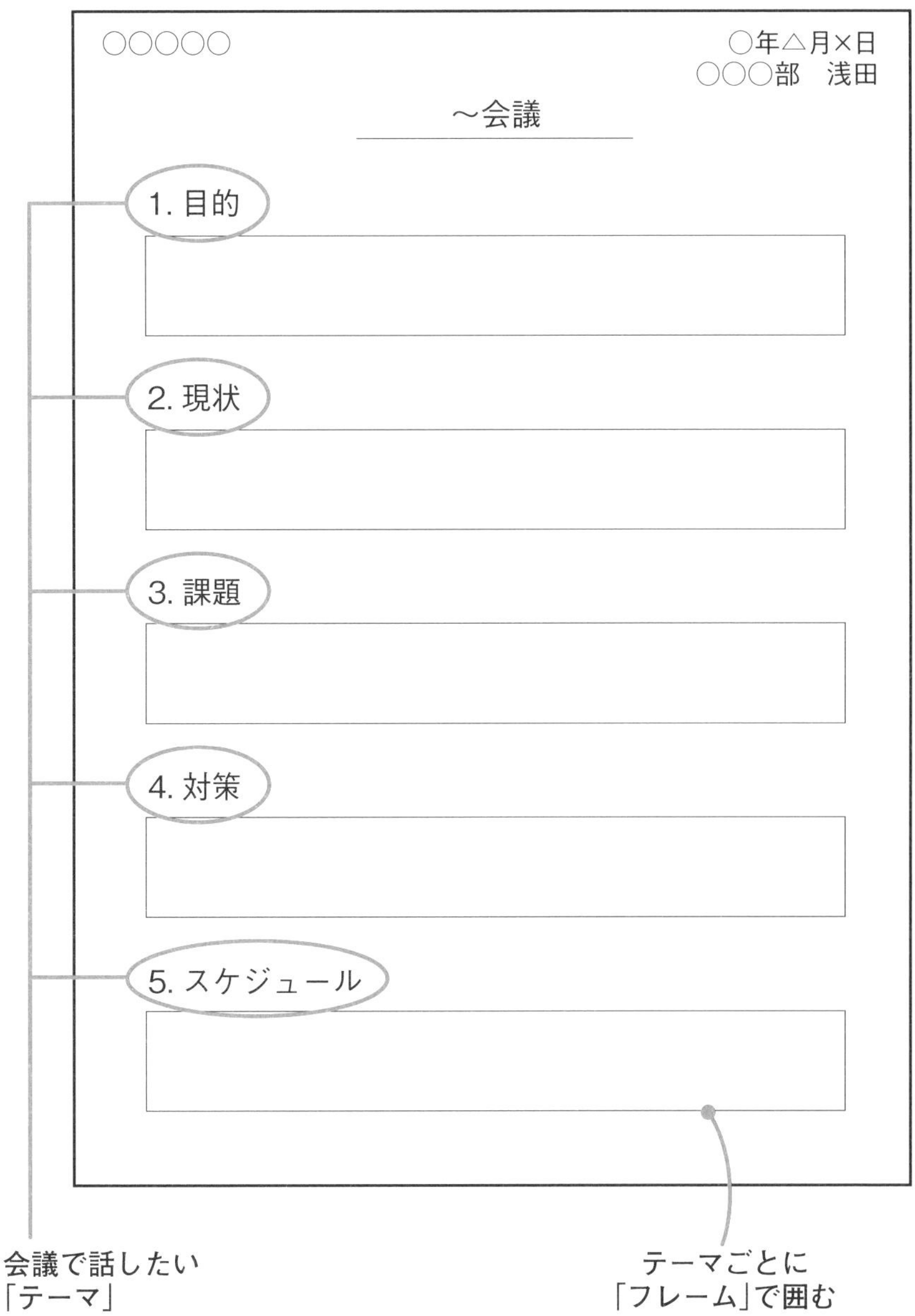

図04 「箇条書き」は思考整理を促さない

- 2020年10月10日　月例ミーティングアジェンダ
- 直近の環境変化：競合他社の動向と市場の変化、マクロ経済の概況等について経営企画部から説明
- 好事例共有：ここ半年ほどの間に生まれた成功事例等についてのプレゼンを実施
- 先月の実績報告：各支店および海外はまとめて各々の営業本部より報告
- 関東支店
- 関西支店
- 九州支店
- 海外での実績報告
- 課題の共有
- 対応策の協議
- 本部長総括

枠の上に「テーマ」を明記する意味とは？

三つ目の特徴は、各枠の上部に「**テーマ**」が明記されていることです。「テーマ」を書くことの意味はやはり、「制約」として機能するから。各枠の上にテーマを記載しておけば、当然ながらテーマと関係のない話を枠の中に書くことはできません。そのため、内容の取捨選択をする必要がでてきますし、そのプロセスを通じて、ここでも「考え抜くこと」が可能になってくるわけです。

試しに、「枠なし・テーマなし」の資料を想像してみてください。【図04】のような箇条書きが、典型的なイメージになると思います。これでは一見して何について、どんなことが、どんな構成で書かれているのかを受け取ることができません。また、テーマや枠がないことによって、本来であればもっと簡潔にできた文が、

2行あるいは3行にまたがって書かれたりします。「考え抜く」という目的を達成するうえで、箇条書きは機能的ではないのです。ちなみに、私は資料を作る時、「紙1枚×枠×テーマ」に加えて、「1文は1行以内」という制約も個人的に課していました。余力のある読者はこの制約も加えて、日々の思考整理や資料作成にチャレンジしてみてください。

「1枚」フレームワーク®という独自の思考整理法

以上、トヨタで学んだ資料作成の三つの本質として、「紙1枚」「枠＝フレーム」「テーマ」というキーワードを紹介してきました。これらが「制約」として機能することで、一部の優秀な社員だけでなくごく普通のビジネスパーソンであっても「考え抜くこと」が可能になってくるわけです。

さて、ここで「序章」の際に実践した発想の転換を、もう一度やってみましょう。「紙1枚」「枠＝フレーム」「テーマ」という三つの制約を何らかのカタチで用意し、機能させることができれば、必ずしも資料作成に限定することなく、もっと幅広くさまざまな場面で「考え抜くこと」ができるようになるのではないか。そんな着想から独自に構築していったのが、これからあなたに使いこなしてもらう「1枚」フレームワーク®という思考整理法です。

早速ですが、一つワークをやってみましょう。突然ですが、あなたは「副業解禁」の流れに賛成でしょうか。それとも「副業なんて無理」という感じで反対でしょうか。

次のページをめくる前に、サッと答えてみてください。

いかがだったでしょうか。何かしら自分なりに答えられた人もいれば、「急にそんなこと聞かれても……」という感じで、何も考えられなかった人もいるでしょう。いずれにせよ、このテーマについて日頃から深く「考え抜いている」読者は少ないと思います。

では、いったいどうすれば、「考え抜くこと」ができるのでしょうか。

「序章」で解説した通り、「考え抜くとは、思考整理を繰り返すこと」でした。

そして、「思考整理」とは、「①情報を整理する」と「②考えをまとめる」の2ステップで構成されていました。そこで、こうした思考整理プロセスについて、これまで解説してきたような資料作成の過程を通じて……。

ではなく、別の方法でやってみましょう。

緑ペンで「枠＝フレーム」と「テーマ」を書く

まず、手元に何かしらの紙と、緑・青・赤3色のカラーペンを用意してください。

紙は、コピー用紙でもノートでも構いません。ただ、最低でもA5サイズ以上はほしいので、小さなメモ帳は避けた方がベターです。本書では、できるだけ手軽に取り組めるように、A4サイズのコピー用紙を使った例で説明していきます。それを半分に折って、A5サイズにすると記入がしやすくなりますので、手元に手頃なノートがない人はコピー用紙でやってみてください。

また、3色のカラーペンについても、すぐに用意できる人は多くないかもしれません。その場合は、

図05 「紙1枚」思考整理法の作成手順

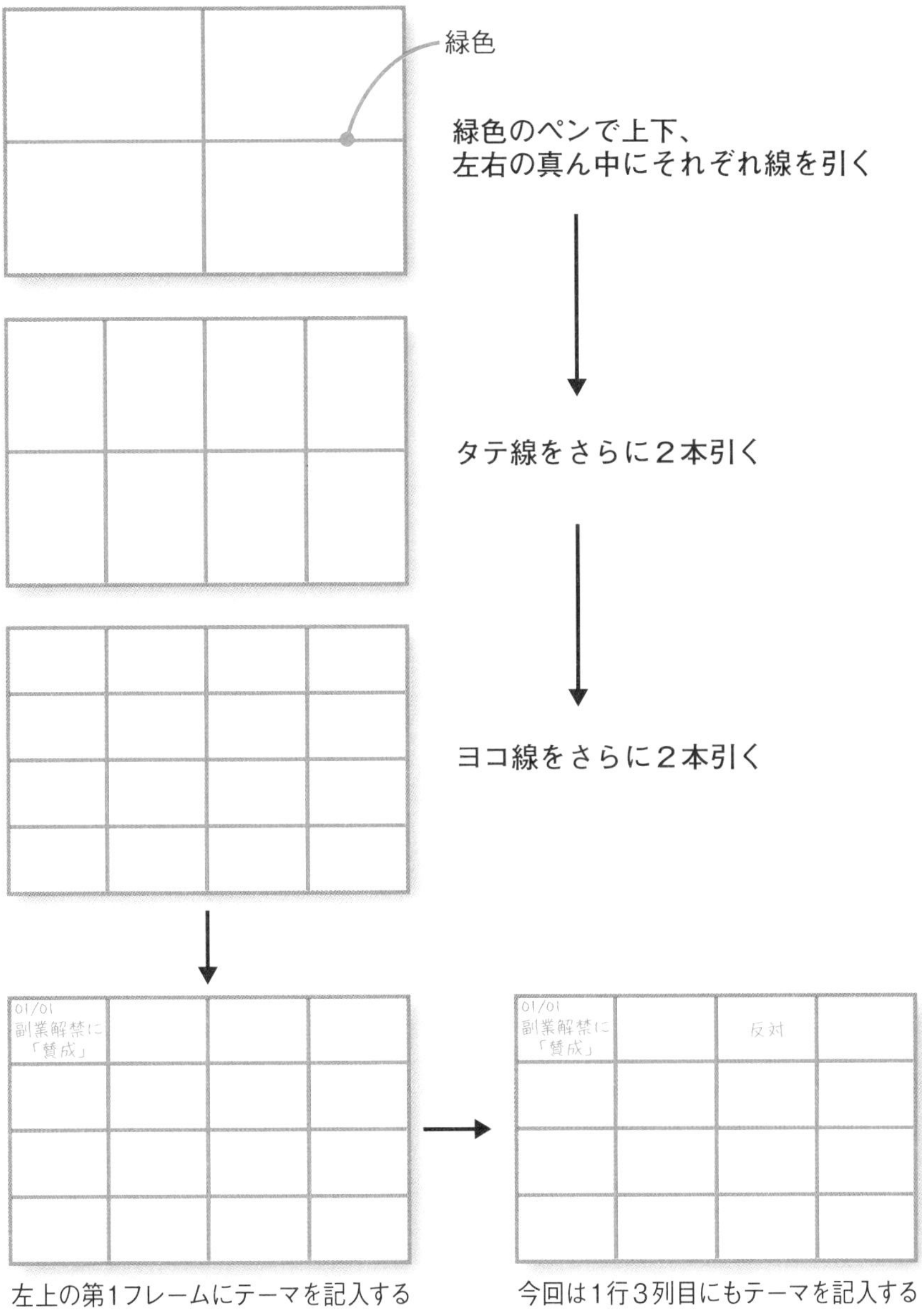
緑色
緑色のペンで上下、
左右の真ん中にそれぞれ線を引く
タテ線をさらに2本引く
ヨコ線をさらに2本引く
01/01
副業解禁に
「賛成」
左上の第1フレームにテーマを記入する
01/01
副業解禁に
「賛成」
反対
今回は1行3列目にもテーマを記入する

とりあえず黒ペンでもＯＫとしておきます。

なぜ緑・青・赤の3色なのかについては、後で説明します。


まず、前ページ【図05】のように、緑ペンで紙の真ん中にタテ線とヨコ線を引いてください。

続いて、その線を基準にしてさらにタテ線を2本、ヨコ線を2本引きます。

これで4×4の「枠＝フレーム」の集合体が完成しました。

最後に、左上の第1フレームに、日付と「テーマ」を記入します。

これも引き続き緑ペンで行なってください。

今回は「副業解禁に賛成か反対か」というテーマを例にしていますので、第1フレームには「副業解禁に賛成」。一方、1行3列目のフレームには「反対」とだけ書いておいてください。

これで緑ペンのパートは完了です。

青ペンで情報を整理する

これが、「1枚」フレームワーク®＝「紙1枚」思考整理法なのですが、いったい今何をやったのかについて、もう一度振り返ってみましょう。

「紙1枚」を用意し、「フレーム」を書いて、「テーマ」を記入する

これはつまり、先ほど取り上げたトヨタの資料作成の3大特徴である「紙1枚」「枠＝フレーム」「テーマ」と同じことを、手書きで再構築してみたわけです。大切なのは「資料作成」ではなくその過程で実践している「思考整理」ですから、この本質を外さなければ、手段は手書きでも構わないということになります。むしろ、こうやって「資料作成」に特化しないカタチにしておいた方が、さまざまな場面に応用できるわけです。

それでは、緑色のカラーペンで作った「制約」を活用し、この先のステップをやってみましょう。まずは思考整理の2ステップの前半、「**①情報を整理する**」プロセスです。

具体的なアクションとして、ここからは青ペンを使います。まずは左半分を埋めていきましょう。当初のあなたがどちらの立場だったかは脇に置いておいて、いったん副業解禁「賛成派」になってみてください。賛成するからには当然、「なぜ賛成かというと、次の理由からです」と説明できなければなりません。そこで、今から2分ほど時間をとって、次ページ【図06】上段のように各枠の中に「賛成する理由」を記入していってほしいのです。埋める場所は最大で7か所。どれだけ記入できるか、実際にやってみてください。

図06

青ペンで情報を整理する

「賛成する理由」を記入する

・01/01 ・副業解禁に「賛成」	新たな生きがい	反対	
複数の収入源	・・・・・・・		
リスク分散	・・・・・・・		
会社が傾いても大丈夫			

「反対する理由」を記入する

・01/01 ・副業解禁に「賛成」	新たな生きがい	反対	税務申告のやり方がわからない
複数の収入源	・・・・・・・	家族との時間がますます減る	本業から逃げているだけ
リスク分散	・・・・・・・	本業が疎かになる	・・・・・・・
会社が傾いても大丈夫		機密情報の漏洩リスク	

さて、いくつ埋めることができたでしょうか。今度は【図06】下段のように右半分を記入していきます。

先ほど、緑ペンで1行3列目の枠に「反対」と書いておきましたので、以降のフレームには「反対する理由」を書いていってください。ここからは、副業解禁「反対派」のスタンスでいきましょう。

ただ、「すぐには頭の切り替えができない」という人もいると思います。

そういう読者はいったん深呼吸をするなり、背伸びをするなりしてもらって、カラダからリセットをはかってみてください。あるいは、トイレに行くなどして行動を変えることで、頭のスイッチバックを行なっていきましょう。さて、準備はできたでしょうか。それでは、「なぜ反対なのかというと……」に続く理由を、また2分程度で書き出してみてください。

これで賛成・反対の両方の根拠について、自分の脳内にあるキーワードをひととおり書き出せたことになります。

赤ペンで考えをまとめる

青ペンによる「情報を整理する」プロセスは、これで完了です。続いて、「②**考えをまとめる**」ステップに入りましょう。ここからは「赤ペン」に持ち替えて、次ページ【図07】のように次のことをやってみてください。

図07 赤ペンで「考えをまとめる」

「賛成」の理由を三つほど選ぶ

・01/01 ・副業解禁に「賛成」	新たな生きがい	反対	税務申告のやり方がわからない
複数の収入源	……	家族との時間がますます減る	本業から逃げているだけ
リスク分散	……	本業が疎かになる	……
会社が傾いても大丈夫		機密情報の漏洩リスク	

「反対」の理由を三つほど選ぶ

・01/01 ・副業解禁に「賛成」	新たな生きがい	反対	税務申告のやり方がわからない
複数の収入源	……	家族との時間がますます減る	本業から逃げているだけ
リスク分散	……	本業が疎かになる	……
会社が傾いても大丈夫		機密情報の漏洩リスク	

●まずは左半分に書いた「賛成理由」の中から、「特にこの理由は重要だ」と感じるものを最大三つ程度選び、赤ペンで丸く囲ってください。
●次に右半分の「反対理由」の中から、「特にこの理由は重要だ」と感じるものを選び、最大三つ程度、丸で囲ってください。
●両方囲み終わったら、左右を見比べてみてください。さて、どちらの理由がより重要だと感じるでしょうか。主観的で構いませんので、改めて自分の立場を決めてみてください。

以上、この「紙1枚」が完成したことによって、あなたは「副業解禁」というテーマについて、次のようにプレゼンすることが可能になりました。

「私は、副業解禁に賛成です。理由は三つあって、まず一つ目は……」
「私は、副業解禁に反対です。理由は二つあって、まず一つ目は……」

実は、研修や講演でこのワークをやると、「当初と意見が逆になった」という人が必ず現れます。

もしかすると、あなたもそうだったかもしれません。また、思考整理前の時と同じ立場になった人も、より明確に根拠を説明できるため、相手への説得力が増すといった変化を感じます。

あるいは、賛成・反対どちらか一方の理由ばかり埋められたという場合は、そもそもバランスの取れた思考ができていない。すなわち、偏った情報で判断を下してしまっているのではないか。そんな気づきを得た人もいるかもしれません。

以上が、「紙1枚」思考整理法の基本的な書き方・使い方になります。

「紙1枚」といっても、「資料作成」ではなく「手書き」です。

5分もあれば作成可能なので、これなら手軽に、気軽に取り組めると感じたのではないでしょうか。

今回のテーマに限らず、「相手の意見に自分は賛成か反対か？」「A社かB社どちらに発注するか？」等々、色々なテーマで自分の考えをまとめてみてください。

繰り返すことで内容に磨きをかける

さて、「紙1枚」思考整理法の説明をここで終えてしまうと、まず間違いなく次のような疑問がわいてくると思います。

「これ1枚書いただけでは、とても考え抜いたことになんてならないと思うのですが……」

その通りです。これは第1歩にすぎません。まずは「紙1枚」書いてもらったわけですが、多くの人が「まだ他にも理由があるのではないか」「もっと別の観点から根拠を考えてみたい」といったことを、作成しながら感じたと思います。

だとすれば、ぜひグーグル等で調べてみてほしいのです。あるいは、周囲の人に「あなたはどう思いますか？」と聞いてみてもいいでしょう。そうやって追加情報を集めたら、改めてもう一度「紙1枚」書いてみる。当然ながら、最初に書いた時よりも、記入できるキーワードは増えていくでしょう。内容についても、より研ぎ澄まされたものになっていくはずです。あとは、こうしたサイクルを何回か繰り返していけば……次第に、「考え抜いた」ことに近づけるのではないでしょうか。

行動に移せることと、効果が伴うことを両立させる

以上が、「どうやったら考え抜くことができるのか？」という問いについての、本書からの回答です。ビジネス書を読んでいると、「徹底的に考えよう」「深く思考しよう」「考え抜くことが重要」といった言い回しが頻繁に登場します。

そうした表現に出会うたびに、私は次のツッコミを入れていました。

「具体的に何をしたら、徹底的に考え抜いたことになるのか？」

と。残念ながら、この問いに答えてくれる本はほぼ皆無でした。

だからこそ、自分が本を書く時はこういった表現でごまかすのはやめようと決めています。

「考え抜くことが重要だ」と世に問うからには、具体的に何をどうすれば考え抜いたことになるのか。そのプロセスについて、「行動に移せるレベル」で徹底的に説明し切りたい。

実際、本書で紹介した方法なら、それが達成できると感じてもらえたのではないでしょうか。なにせ必要な動作は、たったこれだけです。

●「紙1枚」と「3色のカラーペン」を用意する。

●そして、緑ペンでフレームとテーマを書き、青ペンでキーワードを埋める。

●最後に、赤ペンで囲みながら、考えをまとめていく。

あとはこの繰り返しによって、「考え抜いた状態」に近づいていく。

世の中には数多くのビジネススキルがありますが、「紙1枚」思考整理法は、もうこれ以上簡略化できないというくらいに、一切のムダを削ぎ落して結晶化しました。

それでも十分効果が伴うように、何より誰もが行動に移せるように。この二つの両立を高次元で目指した最適解、それが、

「紙1枚」と、「緑・青・赤3色のカラーペン」による、「手書き」の思考整理法

なのです。

なぜ、「緑・青・赤」の3色なのか?

ただ、それでも「めんどくさい」と言われてしまうことがあります。

開発者としては、他の手法はもっと面倒なものばかりなので、「それならもうビジネススキルの修得はあきらめてください」と言ってしまいたくもなる……。これが偽らざる本音です。

それでも、なんとかして一人でも多くの読者に、この方法を実践してほしい。そこで、具体的に何が面倒なのかと聞いてみたところ、「色を分けるのがめんどくさい」という声をもらいました。

「だったら黒ペン1色でいいので続けてみてください」と回答することがほとんどですし、それで実践してくれるならOKだと思っています。

ただ、もちろん色々な理由があって、この色分けを採用しています。

そこで、過去の本には書いてきませんでしたが、「なぜ、緑・青・赤の3色なのか？」という点について、今回は丁寧に解説しておこうと思います。納得感が生まれれば、めんどくさいというネガティブな感情も消えていくはずです。それに、こういうことは歯磨きと同じようなものなので、いったん習慣化してしまいさえすれば、ストレスを感じるようなこともありません。なんとかその段階まで、続けてほしいと願っています。

なぜ、黒ではなく、緑・青・赤3色のカラーペンを使っているのかというと、「その方が速く、それでいて深く思考整理できるから」というのが理由になります。この3色が、「効率的かつ生産性の高い」色使いなのです。

以前、20代と30代が混じった若手社員向け研修に登壇する機会がありました。

私は「あること」に興味があったので、参加者に次のような質問をしてみました。

「学生時代、青ペンで勉強していた人は手を上げてもらっていいですか？」

するといい、会場の3割くらいから手が上がったので、続けてこう聞いてみました。

「今、手を上げている人の中で20代の人は、手を下ろしてください」

結果は、全員が手を下ろしました。すべて20代だったということです。

一方、それを横目で見ていた30代の受講者さんは、「え、何？　青ペンで勉強ってどういうこと？」という目で、周囲をキョロキョロ見回していました。実際、この本を読んでいる読者の中にも、同じような感想の人は多いと思います。私も詳しい背景はわかっていないのですが、ともかく今の20代ビジネスパーソンの中には、学生時代「青ペンで勉強してきた」という人が一定数いるのです。

青ペンの理由は、色の「心理的効果」にあります。色彩心理学なるものがあって、その知見によれば、青ペンには「リラックス効果」があり、何かに取り組む時、「集中」しやすくなる。そこで、勉強には青ペンが向いているというノウハウが登場し、それなりに定着もしているのです。

ノーリスク・ハイリターンならば、やらない理由はない

リラックスした状態で、集中して取り組める。これは「考え抜くこと」を実践するうえでも、非常

に大切なメリットです。であるならば、思考整理をする際に黒ペンにこだわる必要などありません。ペンを青に替える。たったこれだけなので、完全にノーリスクです。

それでリターンが期待できるのなら、やらない理由はないでしょう。

私が青ペンの効用について知ったのは30代になってからでしたが、さっそく実験してみたところ、たしかにその方がいいと感じました。

そこで、「紙1枚」思考整理法にも青ペンを採用することにしたのです。

試しに、黒ペンと青ペンの両方で「情報を整理する」プロセスを実践してみてください。きっとあなたも、「たしかに青ペンの方がいいかも」と感じられるはずです。

思考とは「発散」と「収束」の繰返し

続いて、緑色を使用する理由について解説しておこうと思います。これは単純に、フレーム部分と書き込む情報の色を分けておいた方が、ビジュアルとして見やすいからです。後で詳しく解説しますが、「視覚的に伝わりやすいか」という観点も大切な本質の一つになります。

ただ、「だったら別に枠の色は黒でも区別がつくからいいじゃないか」と感じた人もいるかもしれませんが、やはり黒より緑の方がよいのです。

たとえば、信号を思い浮かべてみてください。「青」信号と言いながら、実際は「緑」なわけです。

私たちは時折、青と緑を同じような色として扱うことがあります。そうである以上、先ほどあげたような色彩効果は、緑でも期待できるはずです。

であるならば、やはり黒より緑で仕切った方がよいということになります。

加えて、青信号は「進め」の色です。青ペンで「①情報を整理する」プロセスは、頭の中にある情報を「紙1枚」に吐き出していく流れですから、脳の働きの方向性としては「進め」になります。

あえて硬い表現で言い換えると、思考は「発散」と「収束」の二つのプロセスに大別が可能です。

このうち、「発散」に向いた色が「青や緑」なのです。

一方、赤ペンで「②考えをまとめる」プロセスは、青ペンで書き出した情報を「まとめる」すなわち「収束」させていく方向性になります。先の信号の例で言えば、「赤は止まれ」です。これが、赤を採用した理由になります。

「拡げる」なら「青」、「絞る」なら「赤」

脳の働きに寄り添った色使いとしてチョイスしたのが、この3色なのです。

以上、あれこれと書いてきましたが、そもそもこのような色彩心理学的な効果について、どの程度ピンとくるでしょうか。あなたの感じ方次第で、ここまで書いてきた話の面白さや納得感は、随分と変わってしまうと思います。

ただ、少なくとも明確な理由があってこうした色使いにしているのだということは、これでわかってもらえたはずです。何かしら響くところがあったという人は、ぜひ彩りある状態で「紙1枚」思考整理法を実践してみてください。単色よりその方が単純に楽しいと思いますし、3週間も続けていれば面倒だと感じなくなってきます。前向きにチャレンジしてもらえたら嬉しいです。

「紙1枚」に収めて書くことが、すべてのトリガー!!

さて、先ほどのワークに戻って、もう一つ大切な解説をさせてください。

本書は、「考え抜く」習慣をもたないビジネスパーソンが増えてきているという状況認識をベースにしています。その観点から言えば、【図08】のように「賛成の理由も反対の理由も、どちらもほとんど埋められなかった」という人も多かったはずです。今回は埋められたという人も、別のケースになれば今後起こり得るでしょう。

もし、「それは私のことです」という状態なのだとしたら……。

まずは、思考整理のための「情報集め」からスタートしましょう。

「考え抜く」という行為自体は、高度な思考法でも何でもありません。

むしろ、「深く考えることは苦手です」と言っている人のほとんどが陥っている課題は、「**考えるための情報が不足していること**」なのです。情報洪水といわれる時代にもかかわらず、私たちの頭の中には驚くほど使える知識が蓄積されていません。たとえ情報量が爆発的に増えても、それを取り扱う脳の方が、テクノロジーに連動して進化しているわけではないからです。

図08
「ほとんど埋められない」という状態は何を意味しているのか？

・01/01 ・副業解禁に「賛成」	???	反対	???
複数の収入源	???	???	???
???	???	???	???
???		???	

たったの「紙1枚」ですが、それでも書き出してみることによってようやく、私たちは次の事実を客観視することができます。

このテーマについては、自分の頭の中に全然情報が入っていない……。

ただ、このことさえ直視できれば、あとはいくらでも外に情報が溢れている時代です。人に聞くなり、本を読むなり、ネットで調べるなりすれば、いくらでもインプットは増やせます。

大切なのは、「**インプットしようという能動的な目的意識**」が生まれてくるかどうか。

だからこそ、そのトリガーとしてまずは「紙1枚」書いてみてほしいのです。

先ほどのワークの際、中には「賛成の理由は5個書けたけど、反対の理由は1個しか浮かばなかった」という人もいたでしょう。その場合は、「反対の情報が少ないから賛成だと考えてしまっているだけ」なのですから、反対側の情報をもう少し集めてから決断を下すべきだと言えるでしょう。

こういったことは、頭の中だけで思考整理をしていると自覚できません。

「紙1枚」に収めて書き出すからこそ、「一目瞭然」で気づけるのです。

超お手軽バージョンの「紙1枚」プレゼン

ここまで、「紙1枚」思考整理法についてひととおり体験してもらいました。また、この手法の背景にある考え方についても、丁寧に説明を積み上げてきました。

最初の例は、「あるテーマについてポジティブ・ネガティブどちらの立場か」を考え抜くための「紙1枚」でしたが、他にも色々な手法があります。

「第2章」以降で頻繁に使う活用法として、あと二つ知っておいてください。

まず一つ目は、「プレゼンの流れ」について思考整理するための方法です。

試しに、あなたの仕事内容について、今から30秒で説明してみてください。

(実際に30秒話してみてください)

うまくプレゼンできたでしょうか。こういった、あるテーマについて「わかりやすく説明するため

図09 「紙1枚」思考整理法の最も基本的フォーム

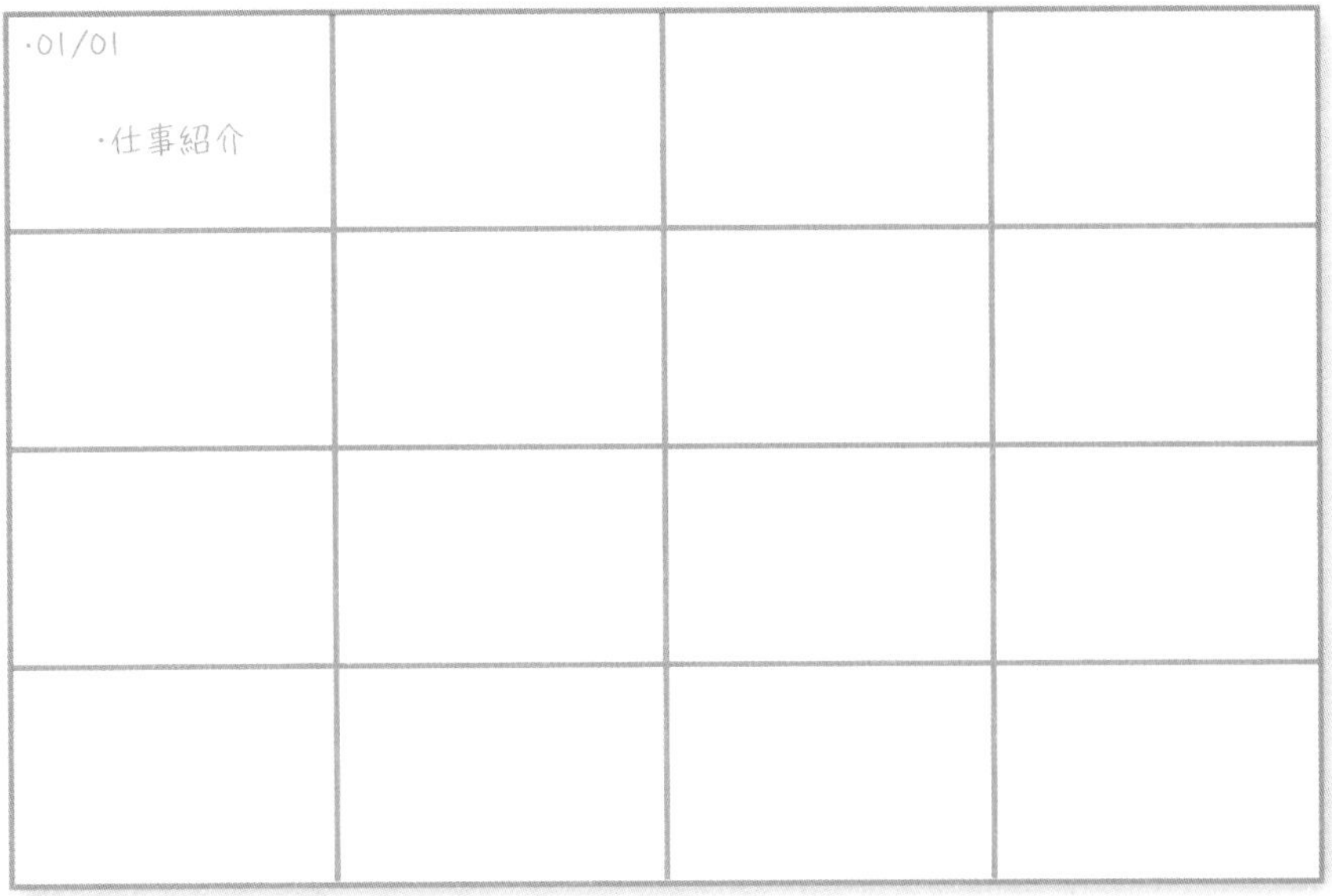

のシナリオを考えたい」という目的にも、「紙1枚」思考整理法はパワフルに役立ちます。

上の【図09】のようなフレームを作成してみてください。

緑ペンで4×4のフレームを作成し、テーマは「仕事紹介」と書いてください。

最初の例との違いは、今回は何かを比較したりするわけではないので、左上にテーマを書くだけでOKです。

次は、「①情報を整理する」プロセスになります。青ペンで自分の仕事に関わるキーワードを書き出していってください。

時間は2分程度でお願いします。

ひととおり書けたら、赤ペンの出番です。

「②考えをまとめる」プロセスを実践していきましょう。

図10

仕事内容を「紙1枚」で思考整理する

青ペンでキーワードを記入し、情報を整理する

・01/01 ・仕事紹介	受注1億円以上	トヨタ	世界5か国 で翻訳
雑誌 『PRESIDENT』	残業削減	本6冊	受講者 10,000人以上
マンガ化	社長に昇進	累計40万部以上	メールマガジン
「1枚」見せただけ	「1枚」仕事術	東京⇒全国	16,000人以上

赤ペンで記入しながら、考えをまとめる

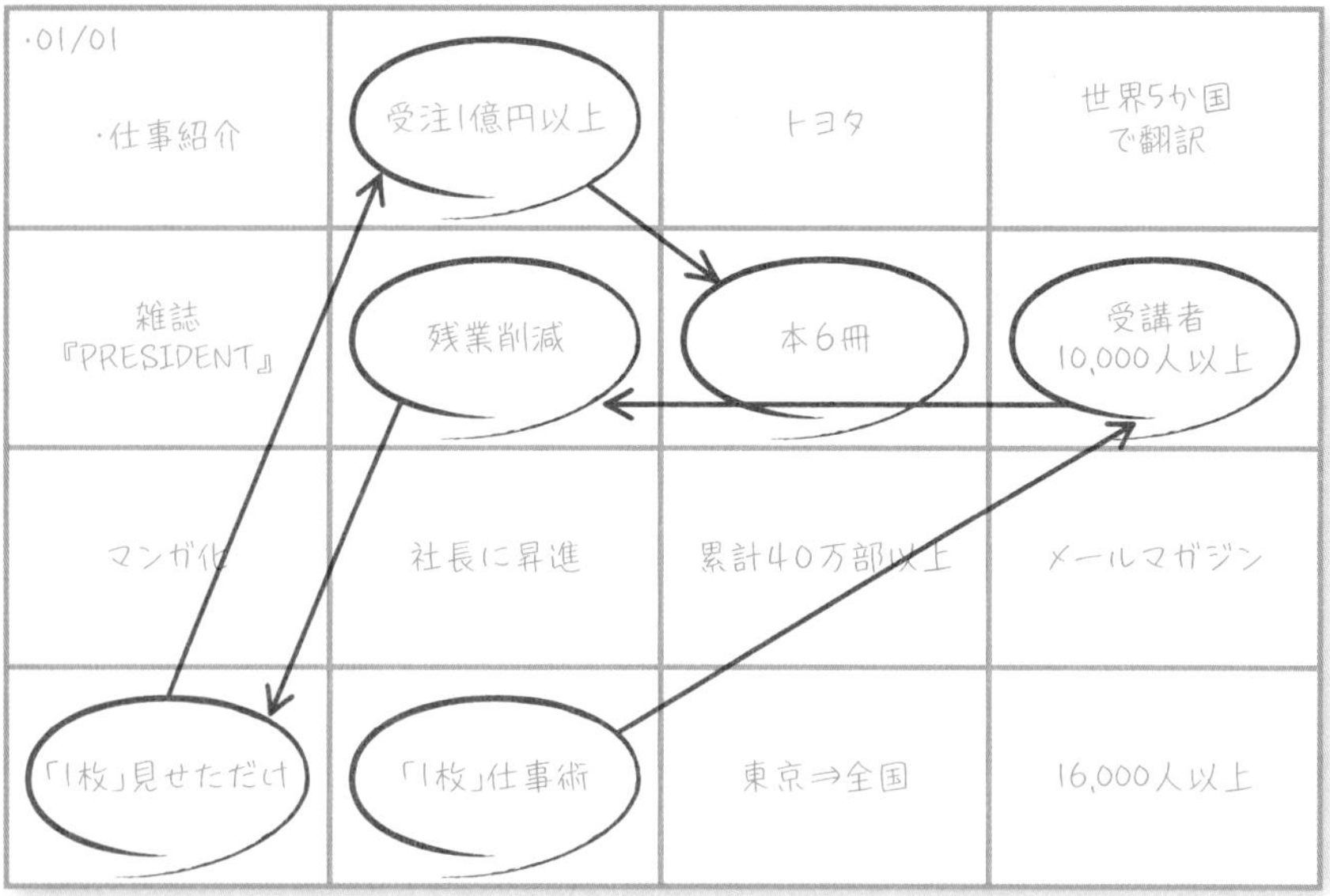

「どんな流れだとわかりやすいか？」という問いを立て、話す順番にキーワードを丸で囲い、矢印でつないでいってください。

【図10】のようなイメージです。

この赤ペンプロセスは、1分程度あればOKでしょう（必要に応じて、多少は延長してもらってもOKです）。注意点としては、「プレゼン時間30秒」という条件で取り組んでいますので、すべてのキーワードについて話すことは当然ながらできません。五つか六つ程度ピックアップし、あとは使わずに捨てるようにしてください。

思考整理が完了したら、この「紙1枚」を参照しつつ、再び30秒間話してみてください。

ではどうぞ。

（実際にワークに取り組んで話してみてください）

「行動できない表現」でごまかしていないから実践できる！

さて、どうだったでしょうか。当初よりもわかりやすくプレゼンできたはずです。相手に受け取ってもらえる情報量も増えたのではないかと思います。加えて、この「紙1枚」を書くために要した時間を振り返ってみてください。3分程度、すなわちスキマ時間レベルで作成ができてしまいました。

にもかかわらず、「シナリオを考えよう」「取捨選択しよう」「情報を削ぎ落そう」「端的にプレゼンしよう」といったビジネス書に頻出するフレーズについて、すべて**行動に移せるレベルで実践**ができてしまったわけです。

動作があっけなさ過ぎて、当初はなかなか価値をわかってもらえないかもしれません。ですが、ここまで解説してきたポイントはすべて、20代の頃の私が「喉から手が出るほど読みたかったこと」ばかりなのです。

試しに、本書と並行して他のビジネス書を読んでみてください。「行動に移せない表現」が、驚くほど頻繁に使われているはずです。読み比べてもらえばもらうほど、このシンプルな手法の奥深さが理解できると思います。ぜひ、そうした体験をするたびに「もっと書いてみよう！」というモチベーションにつなげて、たくさん手を動かしていってください。

「あくなき」という世界観から生まれた「量が質を凌駕する」という世界観

「紙1枚」思考整理法によって、「仕事紹介のシナリオ」を5分以内の短時間でまとめ、30秒程度で端的にプレゼンする。この活用法は最もベーシックな例として、私の他の本でも繰り返し紹介させてもらっています。ただ、実践した人たちが、「やっぱり30秒では収まりませんでした」「なんだかわかりにくい説明になってしまいました」「どうやら自分には合わないようです」といった結論に達してしまうケースもあります。

実は、こういう人たちには、ある共通点があって、

「1回しか」書いていないのです

したがって、こういうコメントをもらった時の私のアドバイスはいつも、

だったら、「もう1回」書いてください！

ここで、「序章」の内容をもう一度思い出してください。

「紙1枚」思考整理法は、「繰り返し書いて考え抜くこと」を目的とした手法です。

だからこそ、1回あたりの負荷をトコトン下げている。そういう設計思想のもとに構築しています。

したがって、1回書いて完了というのは、この手法を実践するスタンスとして適切ではありません。

「最低3回くらい書くつもりだったけど、今回は1回でうまくいってしまった」

これが、「紙1枚」思考整理法を正しく理解している人の基本姿勢です。決して、「一発勝負を前提」にはしないでください。繰り返し書いていくことで、書くたびに質を上げていく。考え抜いていく。

「量が質を凌駕する」という世界観です。

ちなみに、トヨタには「あくなきカイゼン」という言葉があります。一度カイゼンしたらお終《しま》い、ではなく、すかさず次のカイゼンに着手する。これが「あくなき」という言葉の意味するところであり、こうした世界観も反映させているからこそ、繰り返しを前提にしたスキルになっているのです。

1枚3分から5分程度ですから、たとえ3回書いても15分以内に収まります。

ぜひ、今回の説明で認識を深めてもらい、「脱・一発勝負」を基本にしていってください。

「紙1枚」の応用範囲は無限大

さて、この例では「仕事紹介」としましたが、テーマを変えれば【図11】のようにいくらでも応用は可能です。たとえば、相手にメールを出す際にどんな文面がいいか迷ってしまったら、「○○さんへのメール」というテーマで、同じプロセスを踏んでみてください。他にも、上司に相談する際、どういう話の流れで相談したらわかりやすくなるのかピンとこないといったケースもあるでしょう。その場合は、上司との打合せの前に5分ほど時間を確保し、「上司への相談」というテーマで同じことを実践すればOKです。他にも、電話をかける時やチャットで相談する前の思考整理、Web会議のシナリオ作成等々、広く応用できます。

「頭の中だけで思考整理するのはちょっと大変かな」と少しでも感じた時は、すかさず紙とペンを取り出して、このステップを踏んでみてください。「紙1枚」書く体験をするたびに、それが「考え

図11 テーマ次第で、幅広く応用が可能

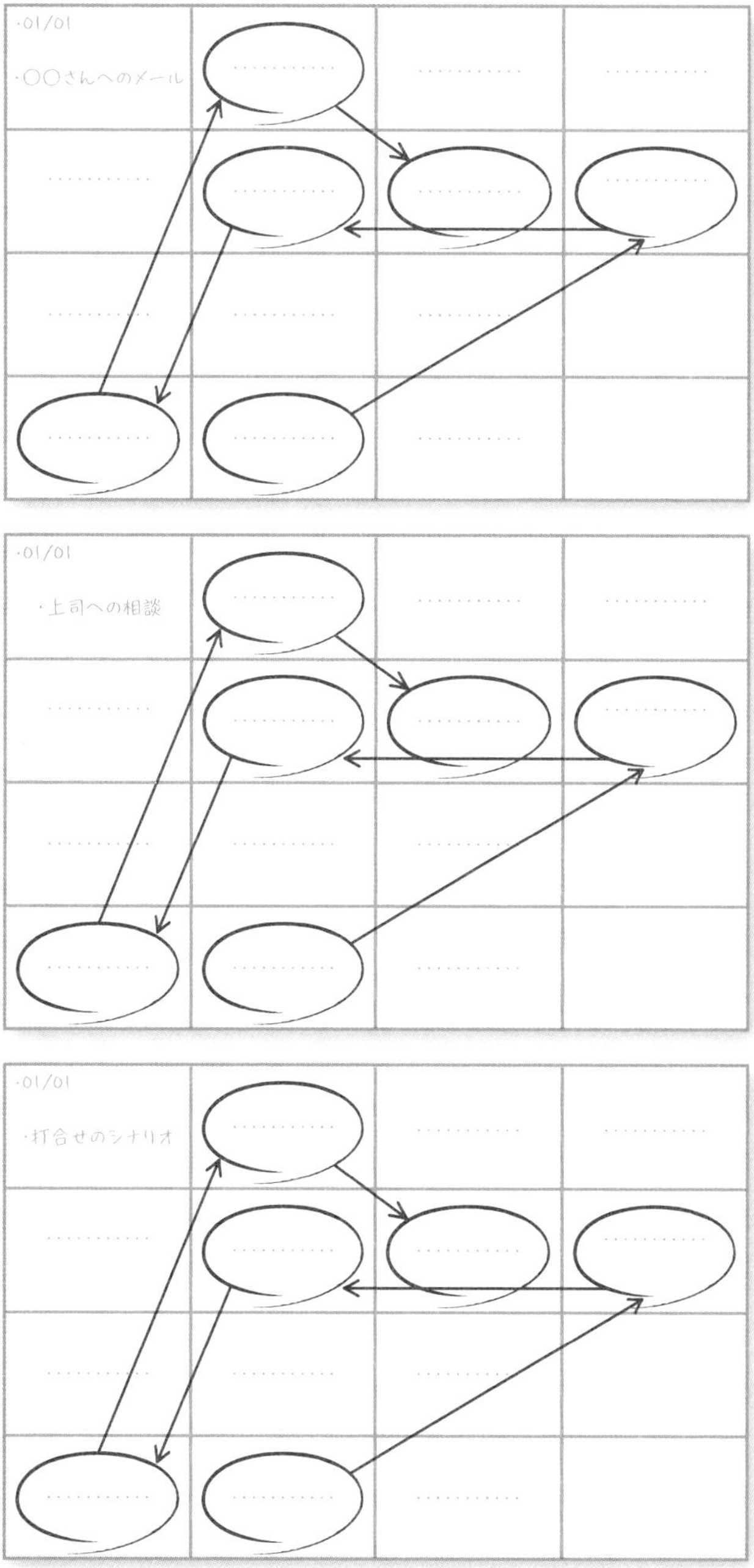

抜く力」の血肉となっていきます。

これからの時代にますます必要となってくる、知的生産のための基本動作です。ぜひ、身近なものにしていってください。

ロジカルで端的なプレゼンを簡単に量産する「秘密」

最後の活用例は、「一発ＯＫ」のプレゼンを量産するための「紙1枚」です。

「第2章」の「紙1枚」資料作成法や「第3章」の「紙1枚」プレゼンでは、このフレームワークをメインで使用していきます。一般的には「ロジカルシンキング」や「ロジカルプレゼンテーション」といわれている思考整理や説明を、「紙1枚」で量産するための方法です。

具体的には、次のようなフレームワークを使っていきます。


この例も、テーマは先ほどと同じ「仕事紹介」にしておきました。ただ、緑ペンでいくつか情報を書き足しています。

これまでの「紙1枚」思考整理法と異なるのは、緑ペンでいくつか情報が書き足してある点です。

具体的には、【図12】のようにまず左の部分に、「Ｐ1？」「Ｐ2？」「Ｐ3？」と追記してあります。

これは、「ポイント一つ目は？」「ポイント二つ目は？」「ポイント三つ目は？」という意味だと理解してください。続いて、上の部分には三つの質問文が書いてありま す。

図12 「ロジカル」バージョンの「紙1枚」思考整理法

·01/01 ·仕事紹介	具体的には？	なぜ 広めてる？	どう 広めてる？
P1？	「紙1枚」 資料作成法	コミュニケーション 苦手な人↑↑↑	作家として： ビジネス書を執筆
P2？	「紙1枚」 プレゼンテーション	思考整理力を 鍛える機会↓↓↓	教育者として： 研修·講演等に登壇
P3？	「紙1枚」 会議術	「デジタル化」 の進展	オンラインサロン を主宰

- **具体的には？………What?**
- **なぜ広めてる？………Why?**
- **どう広めてる？………How?**

そして、これら三つの問いについての答えを、青ペンで埋めていきます。

一つの質問につき90秒を目安に埋めていけば、これも5分程度で作成が可能です。

あとは、この「紙1枚」に沿って実際にプレゼンをしてみます。

「私は、社会人教育の世界で「紙1枚」仕事術を広めています。

具体的には、「紙1枚」による「資料作成法」であったり、

「プレゼンテーションの技術」、あるいは、

「会議ファシリテーションの手法」についても教えています。


なぜ、私がこういったことを広めているのかというと、今のビジネスパーソンの「コミュニケーション能力に非常に危機感」を抱いているからです。

その原因は、「思考整理力を鍛える機会がなくなってきているから」。

では、どうして減ってきているのかと言えば、キーワードは「デジタル化の進展」です。

脱アナログが進む現代において、私たちが資料を作成する機会は減ってきている。

その結果、資料作成を通じて思考整理をする機会が減り、
それがコミュニケーション力の低下につながっている。

こうした危機的状況に対応するべく、私は「紙1枚」書くだけの思考整理法をこれから必須となる仕事術として広めています。


最後に、どうやってこの手法を広めているのかについてです。

実際には色々やっていますが、今回は三つに絞って紹介します。

まず一つ目は、作家として毎年のようにビジネス書を出させてもらっています。

二つ目は、研修・講演・ワークショップ等々、さまざまな形態で講義を日々させてもらっています。最後に、オンラインサロンを開講しています。Ｗｅｂ上でも学習機会を提供していますので、よかったら私の名前で検索してみてください」

５分程度「紙１枚」を書くだけで、このようにロジカルで端的なプレゼンを簡単に量産することができるようになります。

ちなみに、もし１回やってみてイマイチだった場合は……。

もちろん、「脱・一発勝負」です。赤ペンを使って、当初作成した「紙１枚」に加筆修正してもOKですし、新たにもう１枚書いてもらっても構いません。

令和の時代になっても、「論理的に思考整理し、わかりやすく相手にプレゼンする力」は必要です。ところが、「序章」で理解してもらったような環境変化により、「説明は苦手です……」というビジネスパーソンは、今後ますます増えていくでしょう。

一方で、ロジカルシンキングやロジカルプレゼンテーションをテーマにしたビジネス書自体は飽和状態。すでに平成までに出尽くした感があります。とはいえ、本書のような時代観・世界観で書かれたものは、まだほとんどありません。２０２０年代の新スタンダード・教科書として、存分に役立ててもらえたら嬉しいですし、この本をきっかけに、これからさらに良質なビジネス書が多数登場することを願っています。

図13 「企画提案」時に応用可能

・01/01 ・企画提案	なぜ、この企画をやりたいのか？	この企画の概要は？	どうやって企画を実現していくのか？
P1?			
P2?			
P3?			

このタイプの「紙1枚」思考整理法も、応用範囲はきわめて広いです。

たとえば、企画提案をしたいのであれば、【図13】のように、

- **なぜ、この企画をやりたいのか？………Why？**
- **この企画の概要は？………What？**
- **どうやって企画を実現していくのか？………How？**

この三つの問いで構成すればOKです。

出張後の報告というテーマであれば、【図14】のように、

図14 「報告」「クレーム対応」等にも幅広く応用可能

・01/01 ・出張報告	出張目的は?	どんな 出張内容だった?	今後の対応は?
P1?			
P2?			
P3?			

・01/01 ・クレーム対応	クレームの内容は?	クレーム発生 の原因は?	クレームへの 対処はどうする?
P1?			
P2?			
P3?			

●出張目的は？　……Why？
●どんな出張内容だった？……What？
●今後の対応は？　……How？

この三つを網羅すれば、それで十分なのではないでしょうか。

他にも、クレーム対応の検討であれば、

●クレームの内容は？　……What？
●クレーム発生の原因は？　……Why？
●クレームへの対処はどうする？……How？

以上の三つで思考整理ができるでしょう。

なぜ、この「三つの疑問詞」でOKなのか？

さて、ここまであえてフォーカスを当ててきませんでしたが、ロジカルバージョンの「紙1枚」思考整理法における最重要ポイントは、「三つの疑問詞」です。

テーマによって、質問文のセリフや疑問詞の順番こそ変わっていますが、

どのテーマであっても、「What?」「Why?」「How?」の三つの疑問詞を解消するような質問文で構成されている

この共通点をしっかり理解しておいてほしいと思います。

実際、「1パターン」で本当によいのです。この一つの型だけで、論理的思考とロジカルプレゼンテーションが可能になるのであれば、コミュニケーションにまつわる日々のストレスを劇的に軽減できるのではないでしょうか。

また、あくまでも思考整理法として学んでもらっていますので、資料を伴わない局面においても、この方法を広く適用することが可能です。まずは「紙1枚」書きながら経験値を高めつつ、慣れてきたらメール・電話・チャット等々、さまざまなケースで役立てていってください。

それにしても、なぜこの三つの疑問詞を網羅すれば、それでOKなのか。

トヨタにいた頃、作成した資料やプレゼン内容について、当初はさまざまな相手から多種多様なツッコミを受けていました。次第に私は、「なんとかこうしたツッコミをパターン分けしたい」と感じるようになり、来る日も来る日も「考え抜く」ようになっていきました。その結果たどり着いた最も感度のよいグルーピングが、「Ｗｈａｔ?」「Ｗｈｙ?」「Ｈｏｗ?」による分類だったのです。

これで、当初は「千差万別」だと感じていたツッコミが、「十人十色」レベルを超え、どうにか「三者三様」と言えるところにまでシンプル化できたことになります。

「相手からのツッコミを、この3種類のいずれかに集約できるのであれば……」

ここでまた、発想の転換をしてみましょう。


「だったら、この三つの疑問詞を解消するように資料化すれば、目の前にどのわかり方に偏った人が来ても対応できるようになるじゃないか！」


この本質に到達して以降、私は極力いつも、「Ｗｈａｔ?」「Ｗｈｙ?」「Ｈｏｗ?」の3部構成で資料を作成するようにしていきました。

その効果は、驚くべきものでした。以前はあれもこれもとツッコんできた人たちが、この3部構成で説明するようになってからは、ほとんど何も言わなくなってしまったのです。

ロジカルに伝わるエモーショナルな理由

なぜ、この3部構成で説明すると、あっさりOKのプレゼンが量産できるのか。

さまざまな観点から理由を解説できるのですが、本書ではシンプルさを重視したいので、「相手が心理的に満足してしまうから」という点に絞らせてください。

そもそも相手がなぜツッコミを入れたくなるのかというと、その理由は案外ロジカルなものではなかったりします。むしろエモーショナルなところで、「何か物足りない」「説明されていない部分があるのでは」と、心理的に感じてしまうからなのです。以前にも書いた通り、人は空白を嫌います。「まだ納得してはいけない気がする」と感じる限り、その欠乏感が消えるまでツッコミ続けたくなってしまうのです。ところが、人のツッコミは「What?」「Why?」「How?」のいずれかのグループに集約できるわけですから、この三つの疑問詞を解消するようなテーマで資料を構成してプレゼンすれば、多くの場合、相手はこう感じてしまいます。

「もうこの説明で、おおむね納得してよさそうだな」

これが、ロジカルバージョンの「紙1枚」思考整理法でプレゼンをすると、拍子抜けするくらいにあっけなくOKがでてしまうメカニズムです。ロジカルな「紙1枚」でありながら、その背景には、実はエモーショナルな心理的作用が働いている。これがこのフレームワークの面白いところであり、ビジネスコミュニケーションで幅広く機能する大きな要因なのです。

相手が、追加でツッコミを入れようという心境にならなくなってしまう。

そんな、「What?」「Why?」「How?」という三つの魔法の質問。

そして、そのマジックを「紙1枚」書くだけで、誰でも実践できるようにした思考整理法。ここまで学んでみて、いかがでしょうか。

「これはぜひ極めてみたい」という心境になってくれたのであれば、嬉しいです。

私自身、サラリーマン時代も独立してからも、本当にこの1パターンだけでずっとうまくいっています。何より、数多くの受講者さんがこの「紙1枚」の魔法を体験済みです。

「この思考整理の方法でプレゼンするようになってから、上司から何も言われなくなりました」というコメントを、ずっともらい続けています。

本書を通じて、あなたもぜひその仲間入りを果たしてください。

以上、三つの「紙1枚」思考整理法を紹介してきました。

特に「第2章」以降で活躍するのは、最後に紹介したロジカルバージョンの「紙1枚」思考整理法です。最初の二つの例は、三つ目の活用法の補助として役立てていってください。

あるいは、資料作成以外の用途でも、日常的に使ってもらえたら嬉しいです。

さまざまなテーマで実践し、どの活用法についても習熟度を高めていってください。

第2章

「紙1枚」資料作成法

この章のゴールを明確にしておきます

「第1章」では、「大切なのは資料作成よりも、その過程の思考整理」という本質をベースに、「紙1枚」を使った「思考整理法」について学んでもらいました。

2020年代は、「資料作成さえできれば仕事のベースはOK」という時代ではありません。本書で学ぶような「思考整理」を起点としたワークスタイル構築の価値は、これからますます向上していくでしょう。とはいえ、当面は過渡期です。大企業を中心に保守的な組織は多いため、まだまだ資料を作ってプレゼンしていくケースもたくさんあるでしょう。

そもそも、「考え抜いて仕事をする習慣」をもつメンバーが多数派という状況でない限り、そういった慣習はむしろ維持していくべきだと思います。ただ、時代のスピード感に合わせて、できるだけ短時間でやることが最低条件です。

そこで、この章では「紙1枚」思考整理法をベースにした、「超時短」の「紙1枚」資料作成法について詳しく解説していきます。ただ、「第1章」の最後でも予告しましたが、結論はシンプルです。

「思考整理」ができていれば、「資料作成」の8割は完了している

「第2章」を読み終わった時、もう一度この1行のことを思い出してください。
「たしかにそうだったな」と感じてもらうことが、本章のゴールになります。
この心境を目指すつもりで、以降を読み進めていってください。

自分のプレゼンスタイルと比べてみてください

「第1章」で、ロジカルシンキングやロジカルプレゼンテーションを可能にする「紙1枚」思考整理法を紹介しました。この方法をさっそく、企画提案のプレゼン資料作成に活かしてみましょう。

通常、仕事で何か企画提案をする際、口頭だけでプレゼンするケースはさすがに少ないと思います。やはり、何かしら資料を作って、それをベースに対面で打合せをする。あるいは、他拠点をつないでWeb会議でプレゼンする。この辺りが現実的なスタイルになると思います。ところで、

●あなたは普段、企画提案の際にどんな資料を作っているでしょうか？
●資料の枚数は、何枚くらいになることが多いですか？
●パワーポイントによるスライド形式でしょうか？　文書形式でしょうか？

● プレゼンの際、資料は打ち出していますか?

● パソコンを見ながらプロジェクターに投影するスタイルですか?

矢継ぎ早に質問を投げかけてしまいましたが、まずは自身の状況についてひとしきり振り返ってみてほしいのです。そのうえで、これから学ぶ内容と現状を比較してみてください。

「第1章」の副業解禁のワークで体感してもらった通り、「比べてみる」は物事の理解を深めるための大切な本質です。

「デジタル」か「手書き」か、それが問題だ

「超時短」を可能にする「紙1枚」資料作成法は、3ステップで構成されています。

● STEP1:「紙1枚」思考整理法を手書きで実践する

● STEP2:「紙1枚」資料のフォーマット(3種類)に埋めていく

●STEP3：「紙1枚」資料をプリントアウトし、推敲する

まずSTEP1は、「紙1枚」思考整理法の実践です。これについては、「第1章」で書き方の解説自体はすでに完了しています。ここでは企画提案の具体例として、私がかつて担当していた「会社の海外向けホームページのリニューアル企画」をあげさせてください。

実現のためには、リニューアルに関する企画書をまとめ、上司や関係部署にプレゼンしていく必要があります。その際、いきなり企画書を作るのではなく、次ページ【図15】のようなロジカルバージョンの「紙1枚」思考整理法を、先に5分ほどかけてやってみてほしいのです（5分が難しければ、10分程度なら延長してもらっても構いません）。

STEP1の最大のポイントは、次の点になります。

> **いきなりパソコン上で資料を作成しない、まずは「手書き」の「思考整理ファースト」で**

本書の手法に慣れてくるまでは、この手順をどうか守ってください。パソコンとにらめっこしながら、資料作成と思考整理を同時にやる。習熟してくればそれも可能ではあるのですが、はじめのうち

図15 **ロジカルバージョン「紙1枚」思考整理（手書き）**

·01/01 ·海外向けホームページのリニューアル企画	なぜこの企画をやる必要がある？	リニューアル内容のポイントは？	どうやって実現？
P1？	現状は場当たり的に運営	ホームページの運営目的を明確化	期限は来年3月末までに公開
P2？	英語版の位置づけが不明瞭	目的達成に必要なコンテンツを取捨選択	3社コンペで発注先を決定
P3？	来期から海外展開を強化するという全社方針	必要に応じ新規コンテンツを作成·追加	予算は2パターンで想定

は先に思考整理をし、あとから資料作成に着手する。この2ステップを淡々と実行した方が、結果的には短時間で資料を作成することができるようになります。

なぜ、「手書き」による「思考整理ファースト」の方がよいのか。

人の脳は、デジタル画面を見ている時より、紙を見ている時の方がよく働く。これが、「手書き」による思考整理のステップを最初に踏んだ方がよい理由です。

この点については、企業や大学などで行なわれた研究による裏付けがあります。ごく簡単に解説すれば、同じ情報であっても、紙媒体と電子媒体では脳の反応が変わってしまうのです。特に、理解を担う前頭前皮質の反応は、紙媒体の方が強くなります。

このテーマについて深く学びたい読者は、『プルーストとイカ』で著名なメアリアン・ウルフによる最新作『デジタルで読む脳×紙の本で読む脳：「深い読み」ができるバイリテラシー脳を育てる』（共にインターシフト刊）を読んでみてください。

ただ、そういった研究や書籍のことを知らなくても、このテーマは誰でも簡単に体感可能です。

「消費」型インプットを「投資」型インプットに変換する

少し脱線しますが、たとえば、今あなたはこの本を「紙」で読んでいるでしょうか。それとも「電子書籍」として読んでいるでしょうか。もし可能であれば、「紙の人は電子」で、「電子の人は紙」でというように、媒体をスイッチして読み比べてみてほしいのです。

大半の読者が、「紙で読んだ方が深く理解できる」と感じるでしょう。その方が、あなたの脳（特に前頭前野）が活性化しているからです。よく「電子書籍の方が速く読めるので」という人がいますが、速く読めたとして、いったいどれだけ深く理解できたのでしょうか。

あるいは、3日後や1週間後、いったいどれだけ記憶に残っているのでしょうか。

電子書籍でピンとこなければ、ネットの記事で考えてもらっても構いません。あなたは、1週間前にSNSを通じて流れてきたネット記事の内容について、果たして思い出せるでしょうか。

多くの人が、「お手上げです……」という感じだと思います。たとえ速く読めたとしても、何も頭に残っていないのであれば、それは「投資」型ではなく「消費」型のインプットです。

もし、「紙で読んだ方が深く理解でき、また比較的覚えてもいやすい」と感じているのであれば、やはり電子媒体ではなく、紙媒体をベースにしてインプットすべきなのではないでしょうか。

私は、電子書籍だけで深いレベルの読書を積み上げていけるのは、ベースとしてかなり高度な思考整理力をもっている人だけだと考えています。

だから、普通のビジネスパーソンが電子書籍だけで読書体験を済ませている様子をみると、余計なお世話かもしれませんが、心配になってしまいます。「速く読めてしまうのは、自分の脳がたいして働いていないだけなのではないか？」という可能性について、一度じっくり考えてみてほしいのです。

もう少しツッコんだ言い方をすると、「脳を働かせると疲れるし、めんどくさいから電子で済ませている」のではないか。

「序章」にも書きましたが、「デジタル完結」はたしかに現代的です。自分は最先端な人間なのだと感じることもできるでしょう。ところが、盲目的に「デジタル完結」を取り入れた結果、実は大切な何かを失おうとしているのではないか。面倒なことから逃げているだけなのではないか。そんな気づきを、今回の読書体験を通じて得てもらえたら嬉しいです。

カンペキだ！と思ったのにプリントアウトしたら…

文脈を戻します。たとえば、パソコン上で「もう誤字脱字は絶対にないぞ」というレベルで資料作成をしたとしましょう。それをプリントアウトして、紙ベースで見直してみてください。

多くの場合、誤字脱字が見つかるはずです。それどころか、パソコン上ではロジカルだと思っていたストーリーが、実はつながっていないということに気がついたりもします。

多くの読者が、こうした体験を過去にしたことがあるはずです。なぜ、パソコン上では見つけられなかった不備が、プリントアウトするといくつも見つかってしまうのか。

やはり、「脳の働きは、パソコン上より紙上の方がよくなるから」なのではないでしょうか。

ジブリに学ぶ、よい仕事をするための本質

以上の話に納得してもらえたのであれば、「デジタル完結＝効率的」と捉えるのは、少々短絡的な発想であることに気づけると思います。特に、「めんどくさいことを回避したい」という動機からデジタル化に惹かれていくケースは、要注意です。たしかに、これまで手書きの習慣がなかった読者にとって、「第1章」の内容はいささか面倒だと感じるかもしれません。

ですが、面倒だからといって大事なことを回避していると、「考え抜いて仕事をする習慣」の修得からは遠ざかっていくばかりです。

ジブリの宮崎駿監督が、以前ＴＶでこんなことを話していました。

私がずっと大切にしている名言の一つです。

「世の中の大事なことって、たいてい面倒くさいんだよ」

「紙1枚」思考整理法は、もうこれ以上簡単にはできないというくらいシンプルにしてあります。慣れてくれば、負荷を感じなくなるような動作しか必要ありません。ぜひ、「手書き」による思考整理にチャレンジしてみてください。これから学ぶ「紙1枚」資料作成法の3ステップすべてについて、淡々と繰り返してみてください。

そもそも私は何かステップを提示する際、極力いつも「3ステップ」以内に収めるようにしています。「7ステップ」「12ステップ」と言われたら、さすがに「めんどくさい」でしょう。一方、「3ステップ」ならどうでしょうか。「紙1枚」書くだけ、しかも「3ステップ」でOKというレベルまで作り込んで、この手法を提唱させてもらっています。ぜひ実際に試してみて、こうした効用を存分に体感してもらえればと思います。

「砕けた表現」で思考し、「硬めの表現」で資料化する

ここからはSTEP2の解説に移ります。ただ、本章冒頭で明記した通り、STEP1が終わった段階で、すでに8割のプロセスは完了しました。どういうことかというと、「紙1枚」による思考整

図16 **思考整理が完了すれば、あとはこの「1枚」に埋めるだけ**

○○部長殿、ホームページ関係部署各位

20××年 ○○月○○日
Web推進グループ

ホームページの英語版リニューアル実現に向けて

1．リニューアル目的 ← Q1?に対応

要点	詳細
①現状は場当たり的に運営	• 現状の英語版ホームページ（HP）は、日本語ページの運営の片手間で行なわれている • 予算が余っている時、部分的に英訳している状況
②英語版の立ち位置が不明瞭なまま	• 「どこの企業も、英語版のページくらいもっていて当然」という程度の出発点のまま、現在に至る ⇒戦略的意図が見えず、HPの位置づけが曖昧
③来年から海外展開を強化という全社方針	• 今後は、海外展開を積極化する方針が決定（xx年８月） ⇒方針に沿う形で、英語版HPの早急な見直しが必要

2．リニューアル内容 ← Q2?に対応

要点	詳細
1）HP運営目的の明確化	• 今回の海外展開の強化は、法人領域に限定した話 • 国内市場のようにBtoC市場をメインとする必要はない ⇒英語版HPは法人向けのHPとして抜本リニューアル！
2）コンテンツの絞り込み	• ホームページの対象が日本語版とは大きく異なるため、法人向けに必要なコンテンツのみをピックアップし、後は削除 ※例：「会社概要」は残すが、「商品一覧」は削除、等
3）新規コンテンツの制作・追加 ※必要な場合に限り実施	• 法人向けに新コンテンツが必要な場合は、新規に制作を検討 ※現状のコンテンツ一覧は別添を参照 • 必要な場合に限り実施、予算を最小化

3．今後の進め方 ← Q3?に対応

要点	詳細
a）期限：来年３月末までに公開	• 来年度のスタートとなるxx年４月以前にリニューアルを完了 • 新年度の社長プレゼン時に、このトピックを加えてもらう（法人営業担当への周知徹底も兼ねて）
b）３社コンペで制作会社を決定 ※品質とコストの両面で精査	• 過去に日本企業の海外版HPを多数制作した実績をもつ３社を選定し、コンペを実施 • ２か月以内に発注先を決定（オリエンを早急に実施したい）
c）予算は２パターンを想定： • 新規コンテンツなし：200万円以内 • 新規コンテンツあり：300万円以内 ※日本語版は当時500万円で制作	• 新規コンテンツの要否についてはコンペでの各社提案も踏まえて判断したい • 年度内に完成できる範囲内で、発注金額を最終判断

（要点欄 → 青ペン記入部分に対応）

以 上

※この「１枚」の「記入フォーマット」をダウンロードできます。「サポート特典ページ」に掲載していますので、詳しくは「おわりに」（206ページ）をご覧ください。

理が終わったら、

あとはその情報を、前ページ【図16】のような「紙1枚」資料に転記する

たったこれだけでOKです。

拍子抜けするくらい簡単ですが、STEP2は本当にこれだけで終わりです。

強いて言うなら、転記するうえでの注意点としてビジネス文書特有の「硬めの表現」に書き換える。このポイントは解説しておこうと思います。たとえば、「紙1枚」思考整理法の時点では、「何が問題?」「なんでこうなった?」「これからどうする?」といった質問文を書いていたとしましょう。

手書きの段階では、むしろこのくらい砕けた表現、自分にとって親近感のわくフレーズの方が考えやすくなります。思考整理にかかる時間も、その方がスピードアップにつながるでしょう。

ただ、資料化にあたっては少々カジュアル過ぎる言い回しです。

そこで、次のような硬めの表現に言い換えて資料に反映していきます。

●「何が問題？」　↓　「現状の課題」「問題点」「課題認識」等

●「なんでこうなった？」　↓　「課題発生の原因」「要因分析」等

●「これからどうする？」　↓　「今後の対応」「対策案」「解決に向けて」等

このように、STEP1の段階では、普段から私たちの脳内を飛び交っている日常的な言葉で思考整理した方がベターです。そのうえで、資料化の段階では、ビジネス文書に相応しい表現に言い換える。「紙1枚」思考整理法での表現が、資料化にあたってどう変わったか。105ページ【図16】の文言について、この観点で改めて確認するようにしてください。

最もよく利用されている「フォーマット1」

STEP2で活用する資料フォーマットは、全部で3種類あります。

●フォーマット1：要点＋詳細型
●フォーマット2：詳細少なめ型
●フォーマット3：パワーポイント型

基本的におススメしているのは、【図17-01】のような「**フォーマット1：要点＋詳細型**」です。

このパターンの場合、まず資料の構成が、ロジカルバージョンの「紙1枚」思考整理法で書いた三つの質問文に対応しています。

続いて、資料の左半分を占めている「要点」が、「紙1枚」思考整理法における青ペン部分と一致していることを、確認してください。

つまり、5分程度の時間をかけてロジカルバージョンの「紙1枚」思考整理法をやってしまえば、資料の「テーマ」や「構成」、そして各テーマの「要点」までもが、自動的に確定してしまうのです。

あとは必要に応じて、右半分の詳細欄に細かい情報を記入していけば完成です。

図17-01 フォーマット1：要点＋詳細型

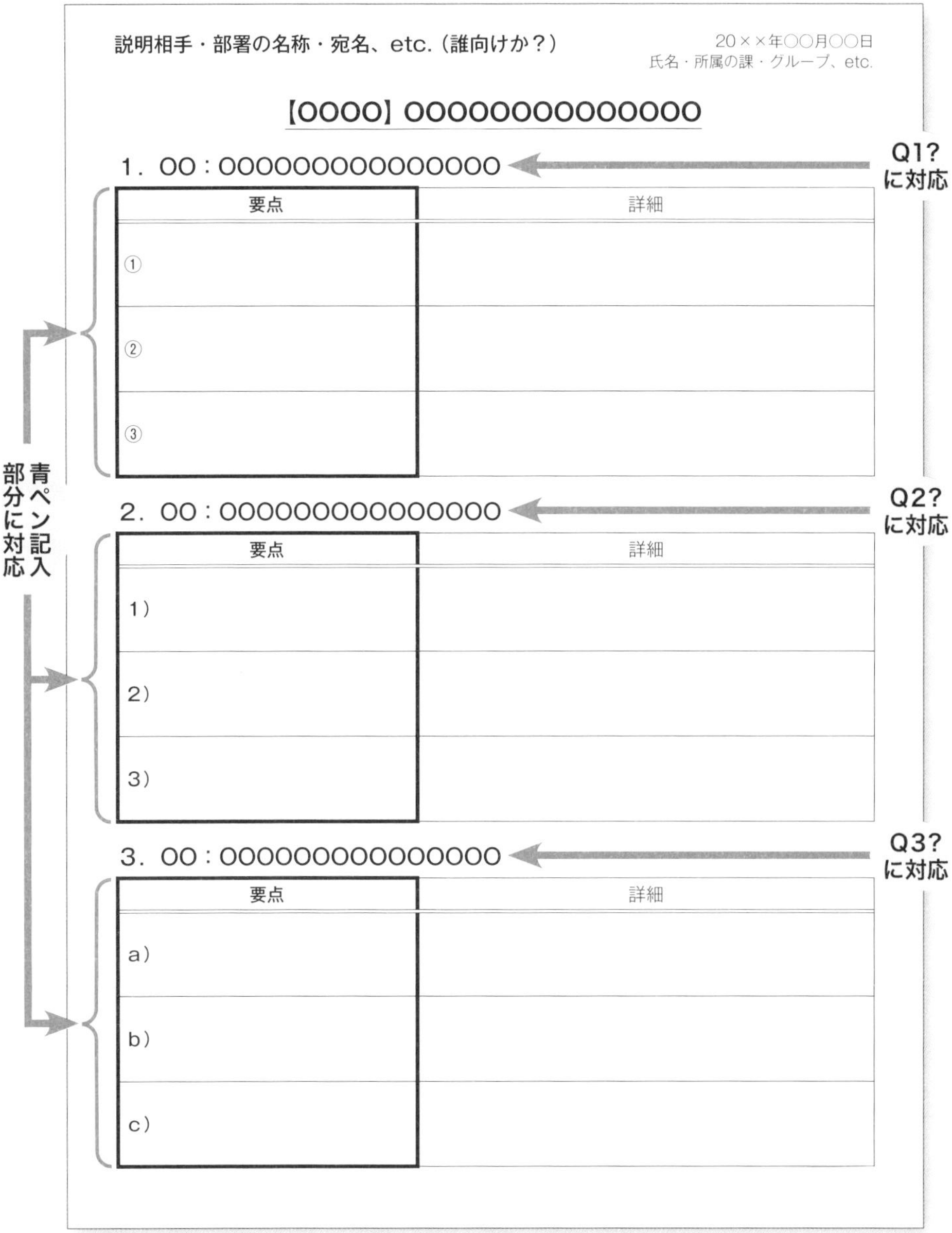

※この「1枚」の「記入フォーマット」をダウンロードできます。「サポート特典ページ」に掲載していますので、詳しくは「おわりに」（206ページ）をご覧ください。

資料に書き込む内容があまりない時でも大丈夫

今、「右半分の詳細欄に、細かい情報を記入していけば完成です」と書きましたが、テーマによっては「詳細の欄に書くことが少ししかありません」というケースも出てくるでしょう。

その際に役立つのが、【図17-02】のような「**フォーマット２：詳細少なめ型**」です。こちらのパターンは、詳細にあたる部分が1行しかありません。それでもスッキリした資料に見えるようなレイアウトにしてありますので、こちらのタイプを使う場合も数多くでてくるでしょう。

まずはフォーマット2まで紹介しましたが、いかがでしょうか。「こんなにカンタンでいいのか」というくらいあっけない方法ですが、すでに日本中で１０，０００人以上の受講者さんがこの方法を学び、実践してくれています。どちらのパターンでも、Ａ４サイズの「紙1枚」に収まる資料作りが可能になります。ぜひ気軽に試していってください。

なお、ここで紹介しているフォーマットについては、マイクロソフトのワードやエクセルを使って、自分なりに作ってもらって構いません。あるいは、オンライン上でこのフォーマットをダウンロードできるようにしてありますので、詳しくは「おわりに」に記載した「サポート特典のご案内」（２０６ページ）を参照してください。ダウンロードして活用する場合は、本当にただ「紙1枚」を書いて、結果をフォーマットに「埋めていくだけ」です。明日から早速活用してほしいと思います。

図17-02 フォーマット2：詳細少なめ型

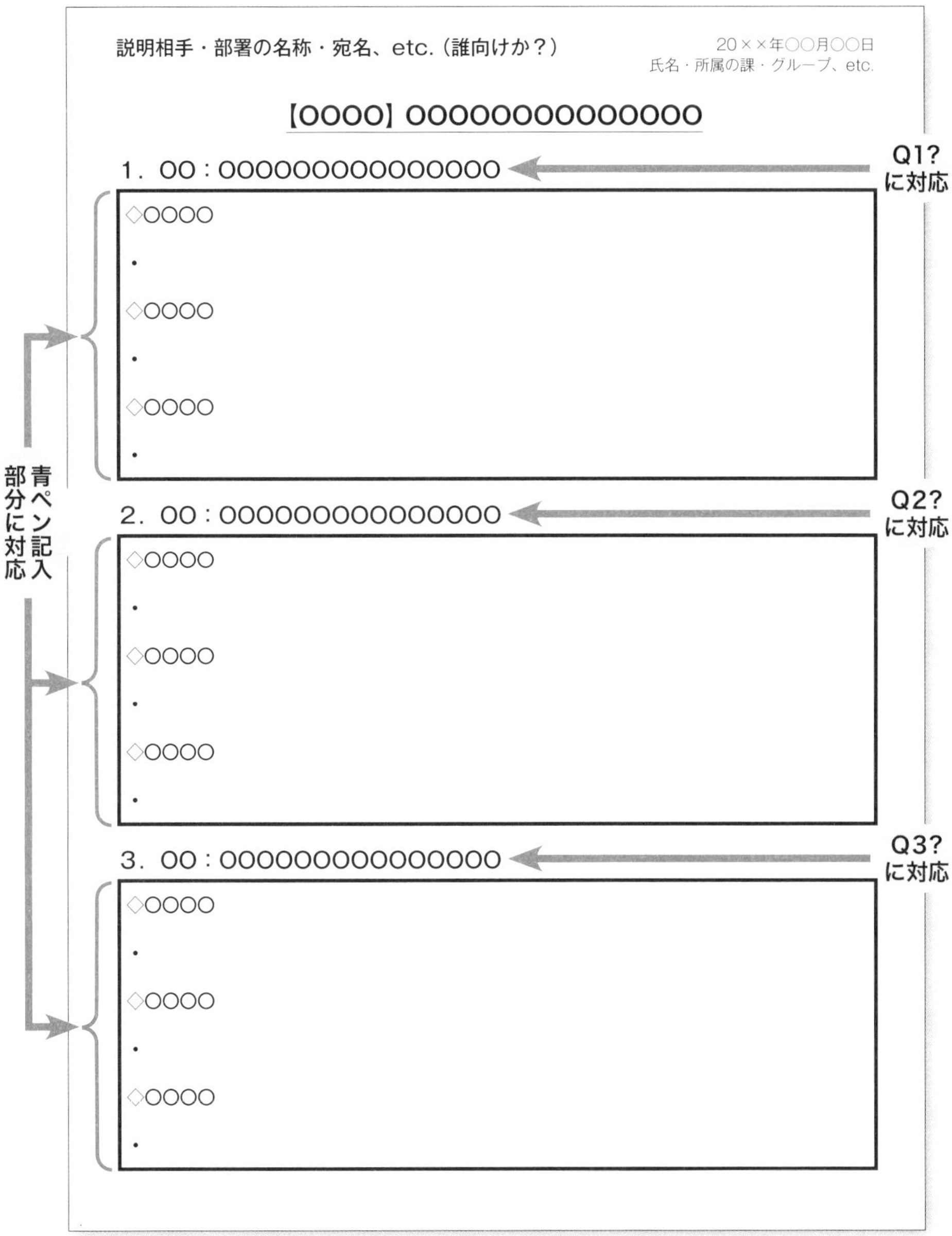

※この「１枚」の「記入フォーマット」をダウンロードできます。「サポート特典ページ」に掲載していますので、詳しくは「おわりに」（206ページ）をご覧ください。

思考整理で埋められないものはない

フォーマット3は少し別の観点から解説が必要になるため、この時点で一つ、ぜひ理解を深めておいてほしいことを書いておきます。つい先ほど「あとは埋めるだけ」という言い回しを使いましたが、実を言うと、かつての私はこのセリフが嫌いで、そもそもフォーマットなるもの自体に否定的なスタンスでした。フォーマットの提唱者は「はい、あとは埋めるだけです」と必ず言うわけですが、実際にやってみると「いや、埋められないんですけど……」となってしまう。

20代の頃、私は何度もそんな経験をしました。あなたにも、同じような体験はありませんか。いったいなぜ、フォーマットやテンプレートに埋めることができなかったのか。随分と思い悩んだ時期もあったのですが、最終的な結論はシンプルでした。

埋めるまでの「思考整理」が、うまくできていなかったから

では、なぜ思考整理がうまくできないのかというと、

そもそも「思考整理の方法」がわからなかったから

だからこそ、まずは「第1章」なのです。「紙1枚」思考整理法を習得した後なら、「何を埋めたらいいかわからない」ということは起こり得ません。

その結果、「あとは埋めるだけ」を本当に実現できる状態になります。

社会人教育の世界には、テンプレートやフォーマットを配って、「これに記入するだけでOKですから」といったタイプの講義をする人がたくさんいます。ですが、かつての私はそんな講師に出会うたびに、「いや、何をどうやって埋めたらいいのかが知りたいんだけど……」という不満を抱いていました。同じような体験がない人にはなかなかピンとこない話かもしれませんが、「紙1枚」思考整理法のステップを最初に踏んでいるからこそ、ステップ2であっさり埋めることができてしまう。

このような手法を、他ならぬ私自身が渇望していたのです。

同じような不満を感じたことがある一人でも多くのビジネスパーソンが、今回の方法で救われていくのであればこれほど嬉しいことはありません。

パワーポイントの本質をヒトコトで言うと…

さて、ここまでは文字通り、A4用紙「紙1枚」の資料フォーマットを紹介してきました。一方、最後の「**フォーマット3：パワーポイント型**」については、117ページ【図18】を見てください。

見ての通り、パターン3は「紙1枚」にはなりません。「紙1枚」思考整理法をベースにはしているので、引き続き「紙1枚」と銘打ってはいますが、スライド自体は16枚必要になります。

この点に関連して、受講者さんから時々いただく質問を紹介させてください。

「どうすれば、資料をパワポ1枚にできますか？」

ぜひ本書を通じて、認識をアップデートしてください。パワポ「1枚」資料という概念は幻想です。そのことを理解してもらうために、ここでパワーポイントの本質をしっかりつかんでおいてほしいと思います。

パワーポイントの本質は、「ビジュアル・エイド」

この1行が理解できれば、「どうすれば、資料をパワポ1枚にできますか?」という疑問自体が、そもそもわいてこなくなります。「ビジュアル・エイド」とは、文字通り「**ビジュアル=視覚的に、エイド=補助をする**」という意味です。パワーポイントという名称自体、私の勝手な解釈ですが、「伝えたいこと(ポイント)を、強化する(パワーを与える)」とすることもできるのではないでしょうか。

こう捉えれば、やはり主張を強化する「サポート」ツールであって、決して主役となる「メイン」ツールではないということが、了解できるはずです。

人前で説明する際、主役はプレゼンターである「あなた自身」。

そんなあなたに、後ろからパワーを与えてくれる「強力なサポーター」がパワーポイントになります。視覚的にわかりやすい図解や写真、あるいはアニメーションや動きによって、あなたの言いたいことをサポートしてくれるわけです。プレゼンを「視覚的に援助すること」がパワーポイント本来の目的ですから、スライド枚数は、その目的にかなう限りにおいて、何枚であっても構いません。「枚数」にこだわること自体が、そもそも本質的な捉え方ではないのです。

① HP運営目的の明確化

- 今回の海外展開の強化は、法人領域限定
- 国内のようにBtoC市場を対象にする必要はない
- 英語版は法人向けのHPとして抜本リニューアル！

② コンテンツの絞り込み

- ホームページの対象が日本語版とは大きく異なるため、法人向けに必要なコンテンツのみをピックアップし、後は削除
- 例：「会社概要」は残すが、「商品一覧」は削除

③ 新規コンテンツの制作

- 法人向けに新たなコンテンツが必要な場合は、新規に制作を検討
- 「現状のコンテンツ一覧」は別添を参照
- 必要な場合に限り実施し、予算を最小化

本資料の構成

1. リニューアル目的

2. リニューアル内容

3. 今後の進め方

12/16

3. 今後の進め方：ポイントは3つ

① 期限：来年3月末までに公開

② 発注先は3社コンペで決定

③ 予算は2パターンを想定

① 期限：来年3月末までに公開

- 来年度スタートとなるxx年4月以前にリニューアルを完了
- 新年度の社長プレゼン時に、このトピックを加えてもらう（法人営業担当への周知徹底も兼ねて）

② 3社コンペで制作会社を決定

- 過去に日本企業の海外版HPを多数制作した実績を持つ3社を選定し、コンペを実施
- 「2か月以内」に発注先を決定（オリエンを早急に実施したい）
- 判断基準：品質とコストの両面で精査

③ 予算は2パターンを想定

- 新規コンテンツなし：200万円以内
  新規コンテンツあり：300万円以内で想定
  ※ 日本語版は当時500万円で制作
- 新規コンテンツの要否についてはコンペでの各社提案を踏まえて判断したい
- 年度内に完成できる範囲内で金額を最終判断

図18 フォーマット3：パワーポイント型（※左上から順にご覧ください）

ホームページの英語版
リニューアル実現に向けて

20xx年 00月 00日Web推進グループ

---

② 英語版の立ち位置が不明瞭なまま

- 「どこの企業も、英語版のページくらい
  もっていて当然」という程度の出発点のまま、
  現在に至る
- 戦略的意図が見えず、HPの位置づけが曖昧

本資料の構成

1. リニューアル目的

2. リニューアル内容

3. 今後の進め方

2/16

---

③ 来年から海外展開を強化という全社方針

- 今後は、海外展開を積極化する方針が決定
  （xx年8月）
- 方針に沿う形で、英語版HPの早急な見直しが必要

---

1. リニューアル目的

① 現状は場当たり的に運営

② 英語版の立ち位置が不明瞭なまま

③来年から海外展開を強化という全社方針

本資料の構成

1. リニューアル目的

2. リニューアル内容

3. 今後の進め方

7/16

---

① 現状は場当たり的に運営

- 現状の英語版ホームページ(HP)は、
  日本語ページ運営の片手間で行なわれている
- 予算が余っている時にだけ、
  部分的に英訳している状況

---

2. リニューアル内容は3つ

① HP運営目的の明確化

② コンテンツの絞り込み

③「新規コンテンツ」の制作・追加
※ 必要な場合に限り実施

※このパワーポイント資料をダウンロードできます。また解説動画も用意しました。「サポート特典ページ」に掲載していますので、詳しくは「おわりに」（206ページ）をご覧ください。

「スライド16枚」VS「紙1枚」、あなたはどっち？

ここまでの内容を理解してもらったうえで、現実的な話をします。

読者の中には、「うちの会社の資料作成はすべてパワーポイントなんです」「フォーマット1やフォーマット2の資料を1枚だけ見せたら、上司に怒られそうです」と感じている読者もいると思います。

実際、ある受講者さんからは、「こんなペライチでお前は仕事をしたつもりなのかと激昂され、思いっきり怒られてしまいました」と言われたこともあります。残念ながら、本質に沿って気持ちよく仕事ができる職場環境ばかりではないし、本書で学んだ本質からは著しくズレた価値観のビジネスパーソンも一定数いる。その事実は、私も重々承知しています。

だからこその、フォーマット3です。

もし、職場ではパワーポイントしか許されていないのだとしたら……。

スライドの左上や右下に企業ロゴが入った会社指定のテンプレートでしか、資料作成ができない環境なのだとしたら……。

もっと身も蓋もない話をすると、ある程度の枚数で資料を作らないとそもそも見てくれないし、頑張ったアピールにもならないような上司のもとで仕事をしているのだとしたら……。

フォーマット3を使って、「紙1枚」思考整理法の結果を、パワーポイントスライドに反映していってください。あるいは、フォーマット3を参考に、自社テンプレートに同じことを当てはめてみてください。すると、先ほどの【図18】で示した通り、最低でも16枚必要になります。

見方を変えると、フォーマット1や2で作成された「紙1枚」資料には、実にスライド16枚分の「情報量と機能」が凝縮されているという言い方もできるわけです。

「紙1枚」にビルトインされた「もう一つの機能」

今、「情報量」という言葉とともに「機能」も凝縮されていると書きました。実は、「紙1枚」資料と同じような「機能」をもたせるために、スライド枚数が増えてしまっているのです。「機能」とは、具体的には「**全体像を見失わない**」機能のことを指します。

次ページの【図19】を見てください。

これは、「もくじ」にあたるスライドです。「もくじ」の内容自体は、「紙1枚」思考整理法の結果をただ反映させているだけなのですが、これが冒頭だけでなく途中にも合計3回登場しています。

節目で「もくじ」スライドを繰り返し見せることによって、いったいどんな効果があるのか。

プレゼンを聞く相手が、あなたの説明の流れを途中で見失ってしまう事態を回避できるのです。

フォーマット1やフォーマット2の「紙1枚」資料には、「**一覧性**」というメリットがビルトインされています。資料の構成が一目瞭然なので、自動的に説明の流れや量感が明らかになるのです。

相手があなたの説明を聞いている間、「紙1枚」資料がずっと地図や見取り図として機能してくれる。

図19 繰り返し「もくじ」を表示し「一覧性」不足を補完する

本資料の構成
1. リニューアル目的
2. リニューアル内容
3. 今後の進め方
2/16
本資料の構成
1. リニューアル目的
2. リニューアル内容
3. 今後の進め方
7/16
本資料の構成
1. リニューアル目的
2. リニューアル内容
3. 今後の進め方
12/16

そんな風に捉えるとイメージしやすいと思います。

「紙1枚」資料の場合は、ただフォーマットに埋めていくだけで、見取り図機能をカバー可能です。一方、パワーポイント資料の場合は一覧性がなくなってしまいますので、何か別のカタチで、全体像を見失わないようなケアを施しておかなければなりません。

これが、「もくじ」スライドを繰り返し挿入していく理由です。実際、「くどいから入れなくてもいいです」とアドバイスする人もいるようですが、私は常に本質から出発して、あらゆる物事の判断をしています。「スライド＝サポートツール」という観点に立てば、節目でもくじを再掲していくことは、やはり基本動作だと言えるのではないでしょうか。

誰もが体験する「プレゼンのイライラ」を根絶するために

ちなみに、「相手が全体像をつかみ続けられるように」という目的と似た配慮として、「スライド番号を入れる」というポイントがあります。それも、ただ番号を入れるのではありません。

全部で何枚スライドがある中の、今何枚目なのかを入れる

あなたにも、きっとこういう体験があるはずです。

「いったいこのプレゼンは、いつになったら終わるのだろうか……」

終わりの見えないプレゼンに、イライラしたことがあるのではないでしょうか。

その原因は実に単純で、「スライド番号が明記されていない」から。それ以上に、「全部で何枚のスライドがあるかわからない」ためです。もしスライドの右下に、【図20】のような記載があったらどうでしょうか。

本当に些細な配慮に見えるかもしれませんが、これをやっているかいないかで、聞く側のストレスは激減します。「今半分くらいまで来ているのか」「もうすぐ終わりだな」といったことが一目瞭然になるわけですから、「先の見えないプレゼンにイライラする」などということは回避できるわけです。

ただし、2020年現在、パワーポイントのページ番号表示機能には、「16枚中の7枚目」といった意味合いで「7／16」などと表記できるスタイルがありません。

なぜ実装されないのか昔から不思議でならないのですが、手作業ですべてのスライドに番号表記を加えていくのは非現実的でしょう（私自身は、かつて役員向けのスライド資料を作ったりした際に、このめんどくさい作業をやっていましたが……）。

図20 「スライド番号」と「全スライド枚数」を入れる

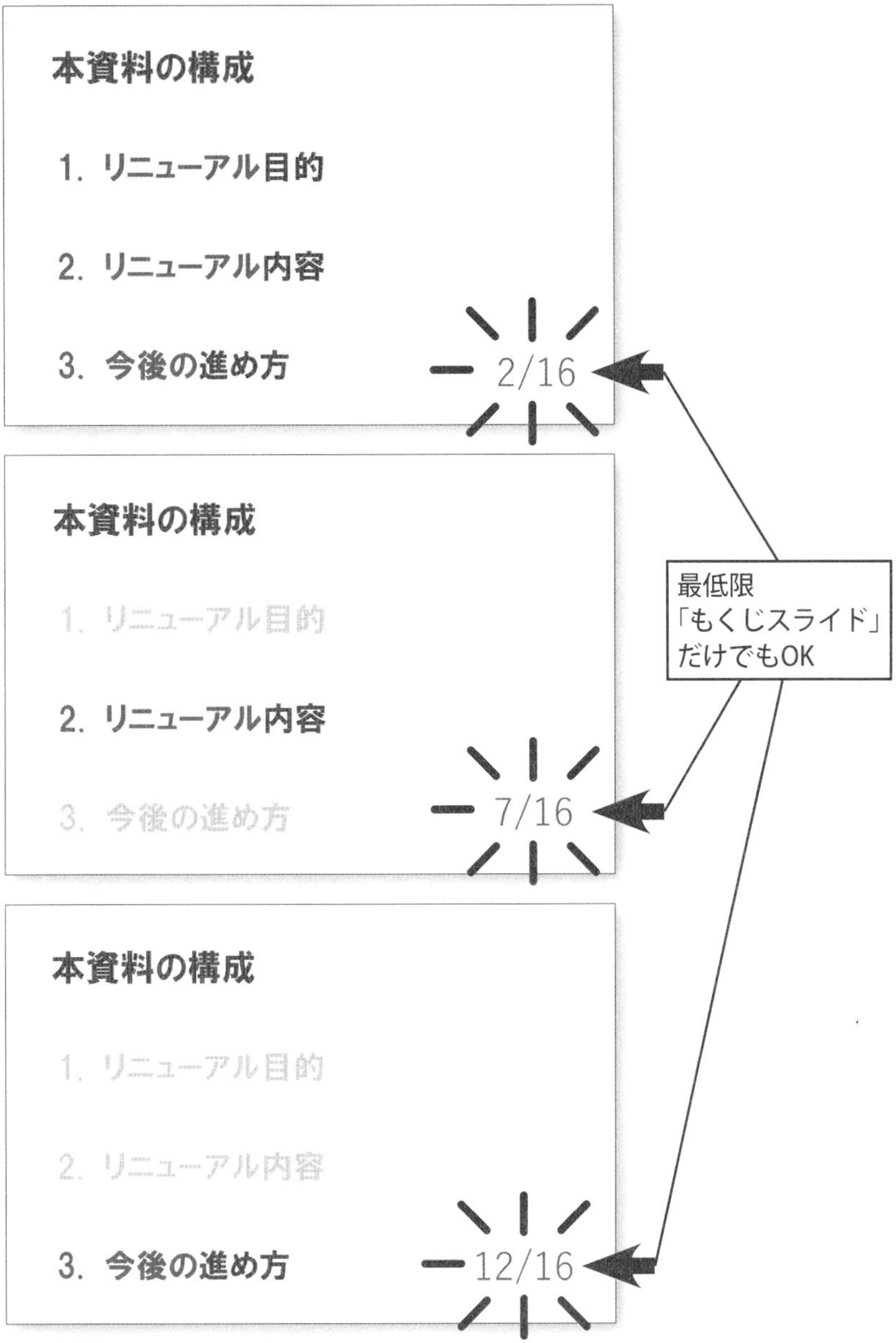
本資料の構成
1. リニューアル目的
2. リニューアル内容
3. 今後の進め方
2/16
本資料の構成
1. リニューアル目的
2. リニューアル内容
3. 今後の進め方
7/16
本資料の構成
1. リニューアル目的
2. リニューアル内容
3. 今後の進め方
12/16
最低限
「もくじスライド」
だけでもOK

実際には、3枚のもくじスライドにのみ、「2／16」「7／16」「12／16」と記載しておくのが現実的な解になると思います。スライドの全体枚数を入れるという配慮を、くれぐれも忘れないようにしてください。

初公開！ 超カンタン「ビジュアル・エイド」作成法

「フォーマット3：パワーポイント型」は、とりあえずデザインなしのスライドにしてあります。

前述の通り、パワーポイントを社内の標準資料としている企業の多くは、自社ロゴ入りのテンプレートを用意しているはずです。なので、該当する人はこのフォーマット3をそのまま使うというよりは、自社フォーマットに「紙1枚」思考整理法の結果をあてはめていく。

そんなイメージで活用していってほしいと思います。

ところで、「ビジュアル・エイド」というパワーポイント本来の目的を、このフォーマットで本当に達成できるのでしょうか。

もちろん、「口頭」で済ませるよりは、確実に伝わりやすくなるでしょう。ですが、せっかく「見せる」なら、もっと効果的にしたいものです。特に、社外向けのプレゼン、それも商談やPRのプレゼンになってくると、このフォーマットのままではシンプル過ぎて、相手を動かすには少々物足りないと言わざるを得ません。では、いったいこのスライドフォーマットをどう加工すれば、「ビジュアル・エイド」の本質により近づけたプレゼンができるのか。

私がもう10年以上、ずっと1パターンでやっているスタイルを本書で初公開しますので、参考にしてみてください。構成要素は、次の三つです。

「写真」＋「カラーの透過スライド」＋「メッセージ」

具体的には、127ページ【図21】のようなスライドになります。

作成法は簡単です。今回も3ステップで説明しましょう。

- **作成の流れ１：伝えたいメッセージに関連した写真を用意する**
- **作成の流れ２：写真をスライドに貼り付けて、カラーの透明画像でマスキングする**
- **作成の流れ３：白バックのテキストボックスに伝えたいメッセージを記入し、スライド中央に配置する**

① HP運営目的の明確化

- 今回の海外展開の強化は、法人領域限定
- 国内のようにBtoC市場を対象にする必要はない
- 英語版は法人向けのHPとして抜本リニューアル！

② コンテンツの絞り込み

- ホームページの対象が日本語版とは大きく異なるため、法人向けに必要なコンテンツのみをピックアップし、後は削除
- 例：「会社概要」は残すが、「商品一覧」は削除

③ 新規コンテンツの制作

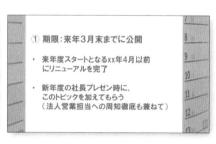

- 法人向けに新たなコンテンツが必要な場合は、新規に制作を検討
- 「現状のコンテンツ一覧」は別添を参照
- 必要な場合に限り実施し、予算を最小化

本資料の構成

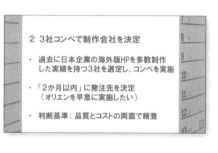

1. リニューアル目的
2. リニューアル内容
3. 今後の進め方

12/16

3. 今後の進め方：ポイントは3つ

① 期限： 来年3月末までに公開

② 発注先は3社コンペで決定

③ 予算は2パターンを想定：

① 期限：来年3月末までに公開

- 来年度スタートとなるxx年4月以前にリニューアルを完了
- 新年度の社長プレゼン時に、このトピックを加えてもらう（法人営業担当への周知徹底も兼ねて）

② 3社コンペで制作会社を決定

- 過去に日本企業の海外版HPを多数制作した実績を持つ3社を選定し、コンペを実施
- 「2か月以内」に発注先を決定（オリエンを早急に実施したい）
- 判断基準：品質とコストの両面で精査

③ 予算は2パターンを想定

- 新規コンテンツなし：200万円以内
  新規コンテンツあり：300万円以内で想定
  ※ 日本語版は当時500万円で制作
- 新規コンテンツの要否についてはコンペでの各社提案を踏まえて判断したい
- 年度内に完成できる範囲内で金額を最終判断

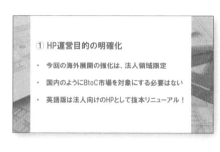

図21 「写真」＋「カラーの透過スライド」＋「メッセージ」（※左上から順にご覧ください）

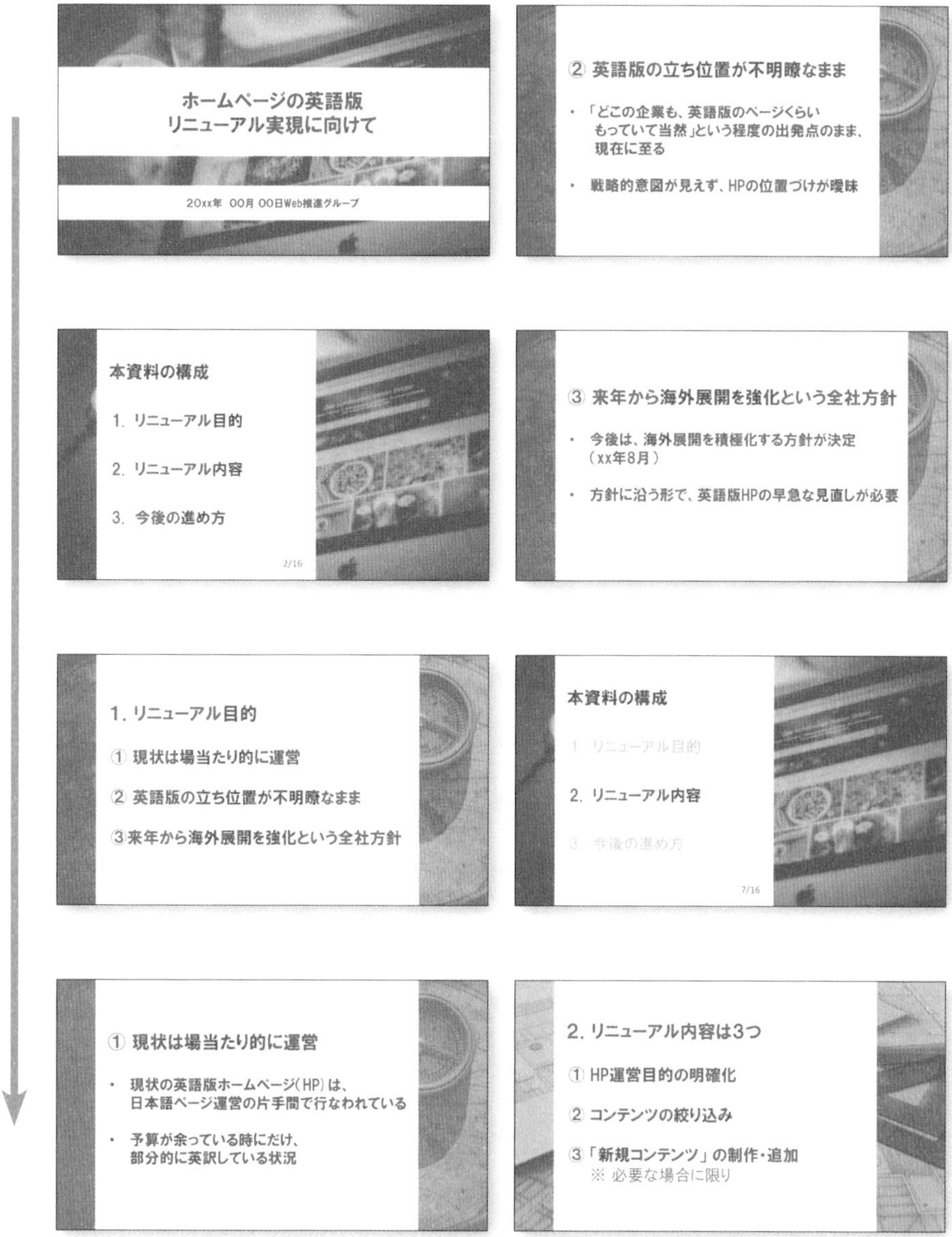

※このパワーポイント資料をダウンロードできます。また解説動画も用意しました。「サポート特典ページ」に掲載していますので、詳しくは「おわりに」（206ページ）をご覧ください。

良質な写真素材の見つけ方

まずは、「作成の流れ1」です。

スライドを通じて伝えたいメッセージを補強したり、印象づけたりするうえで有効そうな写真を用意してください。以前は有料でないとなかなかハイクオリティの写真素材が手に入りませんでしたが、今は無料でもかなり良質な写真を入手することができます。私がよく利用しているのは、Ｐｉｘａｂａｙ（ピクサベイ）というサイトです。商用利用ＯＫの写真素材が簡単に手に入りますので、このワードで検索してサイトにアクセスしてみてください。

もし見つからなくても、この方法なら大丈夫

続いて、「作成の流れ2」です。

用意した写真を、スライド全面に貼り付けてしまってください。その後、何色でも構いませんので、カラーの透明画像を用意して、写真の上に被せてしまいましょう。

なぜ、カラーの透明画像を写真素材に被せてしまうのか。

写真＋テキストだけのスライドにしてしまうと、写真の方が強くなりすぎてメッセージが埋もれてしまうからです。あくまでも「**メッセージがメイン**」、「**写真はサポート**」の位置づけです。だからこ

そ、透過性のあるカラー画像でマスキングすることによって、メッセージの方を際立たせる。それでいて、背後の写真で視覚的にも印象づけるということが同時に可能になってくるわけです。

また、もう少し現実的な理由として、「高品質の写真素材が手に入らなくてもOKだから」という側面もあります。先ほど、無償で写真素材を入手できるサイトを紹介しました。ですが、比較的良質とはいえ、やはり有償の素材に比べると見劣りするという場合もでてきます。だからといって、経費を使って有償の写真を購入できる境遇にいるビジネスパーソンは決して多くないでしょう。

加えて、これは凝り性の人が陥りがちなのですが、よい写真素材を探すために気づけば何時間も浪費してしまった……なんてことは絶対に避けなければなりません。

そこで、カラー画像を写真素材に被せてしまうのです。そうすることによって、多少見劣りする写真であっても、「ビジュアル・エイド」の目的達成に役立てることは十分可能になります。

このスライド作成法について、「はじめにインパクトのある写真だけを見せて、それからテキストを被せてメッセージを表示した方がいいのではないか」と言われることがあります。実際、そのようなプレゼンスライドをよく見かけますし、クオリティの高い写真素材が手に入った場合は、もちろんそれでもOKです。ですが、本書は普通のビジネスパーソンが、日常的に実践できることを念頭に書かれています。実際に取り入れてみてもらえば、とても現実的な作成法だと体感できるはずです。

主役は写真ではなく、「伝えたいメッセージ」

最後に作成法3です。

スライドの真ん中に白バックのテキストボックスを用意し、伝えたいメッセージを記入してください。なお、「第1章」で紹介した色彩心理学の知見に基づき、私はメッセージを黒ではなく青字で記載しています。そして、その中でも特に強調したいワードを赤字にしています。

参考までに、私が開講しているオンラインサロンでは月に3回、動画講義を配信しています。そこで実際に使っているスライドを、サンプルとして掲載しておきます。

私のオンラインサロンは、3か月単位のシーズン制です。そのため、季節に応じてデザインの色味を【図22】のように変えています。会社のコーポレートカラー等々、どの色が適切かはケースバイケースです。掲載例を参考に、自身で色々と試してみてください。

私が「グラフや図表」を積極的に使わない理由

ここまで、より「ビジュアル・エイド」なスライドの作成法を解説してきましたが、もう一点だけ、理解を深めておいてほしいポイントがあります。少し前のページで、「あくまでもメッセージがメイン、

図22 「ビジュアル・エイド」で季節感を演出する例

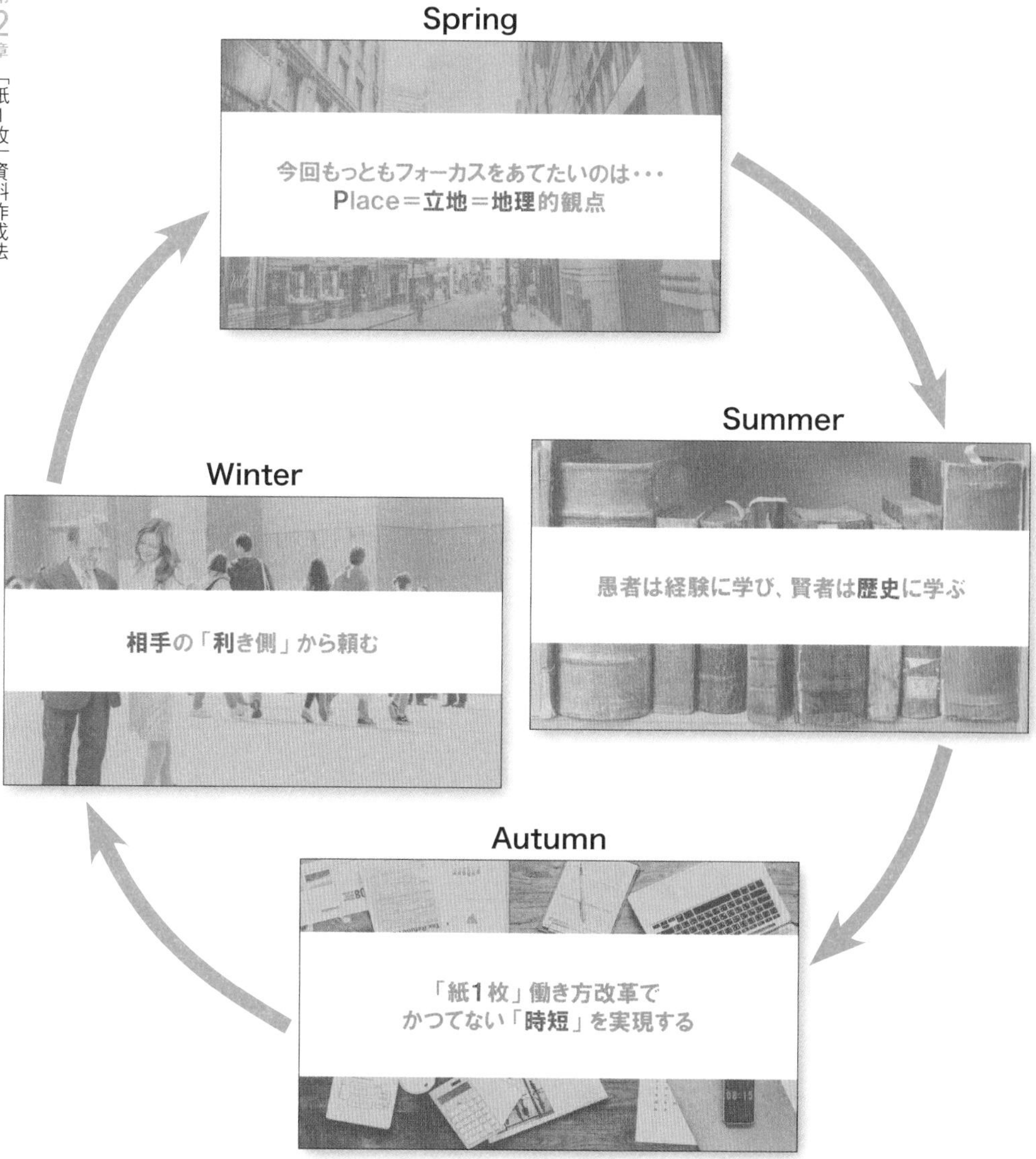

※こうしたスライドの作り方についての解説動画を用意しました。「サポート特典ページ」に掲載していますので、詳しくは「おわりに」（206ページ）をご覧ください。

写真はサポートの位置づけ」といったことを書きました。

実際、本書で紹介している資料は、いずれも「**文字中心**」です。この点に関連して「グラフや表はどうしたらいいのでしょうか?」という質問や相談を受けるのですが、私の基本的な回答スタンスは次の通りです。

グラフや表に頼らず、できるだけ「言葉」で勝負する

先述の通り、私は「紙1枚」という制約のもとで資料作成をしていました。

グラフや表を入れるスペースはほとんどありませんから、必然的に「文字中心」で資料を作らざるを得ません。でも、そのおかげで、

「ビジュアル」に甘え、「考え抜くこと」から逃避するビジネスパーソン

にはならずに済みました。かつて上司から言われたセリフが、今でも印象に残っています。

「グラフや表メインの資料にして、見た目の印象でごまかすな」

実際その通りで、「ビジュアル・エイド」は諸刃の剣です。

綺麗なグラフや表を活用することで、ともすると「わかった気」になってしまう。

書店には、優れたプレゼン資料作成本や、図解テクニックについて解説した本があります。そういった本の知見を活用することで、ビジュアル的に優れた資料は作成できるでしょう。ですが、それで満足し、そこで思考停止してしまっていないか。そんな可能性について、胸に手を当てて考えてみてほしいのです。

それに、この話は資料を作る側だけではありません。プレゼンを聞く相手についても同じです。ビジュアルに優れた資料は、聞き手から考え抜くモチベーションを奪い、わかった気にさせてしまう。

結果、お互いに深く思考整理して仕事をすることができなくなってしまうのです。

まずは考え抜く。その後、紡ぎ出された言葉を補強するうえでグラフや表が効果的なら、その時は活用すればよいと思います。プレゼン資料を通じて高額なコンサルフィーをチャージするような仕事の場合、調査データをわかりやすくスライド化するといったことは、当然必要になってきます。

なので、私は決してグラフや表を全否定しているわけではありません。受け取ってほしいことは、今読んでもらった「順番」です。

思考整理が弱い状態でも、グラフや表を使って「ビジュアル・エイド」な資料を作ってしまうこと自体はできます。

あるいは、グラフや表だけを配付資料として用意し、何が読み取れたのかについては、資料上に一切書かない。そんなビジネスパーソンも一定数います。理由を聞いてみると、「それを口頭で話すのがプレゼンなのだから、資料に書いたら話すことがなくなってしまう」などと言われ、呆然としてしまったことがあります。どうか本書の読書体験を通じて、本質をつかんでください。

「ビジュアル・メイン」でも「ビジュアル・頼み」でもなく、「ビジュアル・エイド」です。グラフや表は、断じて主役ではありません。

資料に書くべきは、そこから読み取れるメッセージの方であって、グラフや表はそのことをサポートする脇役的位置づけなのです。実際、たとえばＡｍａｚｏｎではパワーポイントによるプレゼン自体が、そもそも禁止されています。ここまで書いてきた内容と同様の問題意識があるからです。職場の状況はさまざまだと思いますが、少なくとも読者のみなさんは、できるだけ言葉で勝負するスタイルの資料作成やプレゼンを、自身の信条としていってください。

「考え抜いて仕事をする習慣」は、その方が高いレベルで身につきますし、それが２０２０年代にその他大勢を凌駕する、あなたの大切な強みになっていきます。

紙ベースで目視確認と推敲を繰り返す

ここまでで、「紙1枚」資料作成法のSTEP1とSTEP2の解説が完了しました。少し離れてしまったので、改めて全体像を示しておきます。

●STEP1：「紙1枚」思考整理法を手書きで実践する
●STEP2：「紙1枚」資料のフォーマット（3種類）に埋めていく
●STEP3：「紙1枚」資料をプリントアウトし、推敲する

STEP3は、「紙1枚」資料をプリントアウトし、繰り返し推敲するプロセスです。

STEP1で解説した通り、パソコン上よりも紙上の方が、私たちの集中力は高くなります。STEP2で資料を作成する際は、くれぐれもパソコンだけで完結させないでください。面倒でもプリントアウトして、目視確認するようにしましょう。

特に実践の初期段階では、たくさんの誤字脱字が見つかるはずです。

「序章」で触れた受講者さんのように、プリンターをそもそももっていないという読者もいるかもしれませんが、それはやはりリスクだと思います。

プレゼン本番になって、はじめてミスに気づくことになってしまうからです。日常的なコミュニケーションであれば、多少の不備は許されるでしょう。

一方で、年に何度かあるであろう「重要なプレゼン」ではどうでしょうか。

たしかに、Web会議を中心に「資料はパソコン画面で共有するだけ」というケースは増えてきています。その場合、実は聞き手の脳も紙レベルには働いていませんから、誤字脱字に気づかれなかったり、気づかれても問題視されなかったりします。

なので、このSTEP3を毎回必ずやってくださいとまでは言いません。

ただ、重要なプレゼンで使用する資料なのであれば、たとえ当日、紙で配付される予定がないとしても、事前にプリントアウトするようにしてください。繰り返し目視確認し、繰り返し推敲する。こうした些細な基本動作を怠らずにやれる人ほど、相手に伝わるプレゼンを量産することができます。

この3ステップだから、自動的に「考え抜ける」

もう一つ、プリントアウトして推敲することには大切な意味があります。

STEP1で、「紙1枚」思考整理法を手書きで1回行ないました。その後、STEP2でフォーマットに転記していく過程で、私たちはこのテーマについて「2回目の思考整理」をしたことになります。そして、STEP3です。プリントアウトした資料を見返すことによって、同時に「3回目の思考整理」を行なっているという見方もできるのではないでしょうか。

要するに、この「紙1枚」資料作成法の3ステップを踏むことによって、扱っているテーマについて**最低でも3回以上、思考整理をする機会ができる**わけです。

しかも、1回目は「手書き」、2回目は「パソコン上」、3回目はプリントアウトした「紙上」というように、毎回違うスタイルで思考整理をすることができます。当然ながら、その方が新しい気づきを得られる可能性は高まるでしょう。

ぜひ、まずはここで紹介した手順通りに、淡々と実践を積み上げていってください。シンプルに見えると思いますが、効果が出やすいように細部まで作り込んで構築した手順になります。素直に実践してもらえると嬉しいです。

この章のゴールは達成できましたか?

以上、三つのSTEPに分けて「紙1枚」資料作成法を解説してきました。

最後に、この言葉を再掲しておきます。


「思考整理」ができていれば、「資料作成」の8割は完了している

特に後半部分はかなり細かい解説もしましたが、それらはすべて枝葉です。根幹はこの1行になりますので、本質をしっかりとつかんだうえで、最終的には自身の職場環境にあった資料作成法を確立していってください。

その際、紹介した三つの資料フォーマットが役立つのであれば幸いです。

第3章

「紙1枚」プレゼン

ようやくですが、「プレゼン」とは何か？

この章では、いよいよ本書のタイトルである「説明0秒」の「紙1枚」プレゼンについて扱っていこうと思います。まず、これまではあえて明言してきませんでしたが、本書における「プレゼン」の定義を明確にさせてください。

一般的にプレゼンと書くと、どうしてもスティーブ・ジョブズのような人物が大勢の聴衆に向けてクールに、あるいは情熱的に話しているイメージが浮かんでしまうかもしれません。

一方で、あなたが行なうプレゼンの現実的な人数規模は、多くてもせいぜい数十名程度。数名レベルや、聞き手は上司だけというケースが日常的なはずです。また、プレゼンの形態も、スライドをバックにして大人数に語りかけるというシチュエーションは年に数回、あるいはほぼゼロというのが実態だと思います。それよりは、ちょっとした資料を作って上司に説明する。あるいは、スライドを作ったとしても、Ｗｅｂ会議の際にオンライン上で画面共有しながらプレゼンする。そんな景色の方が、大半を占めると思います。そこで、本書におけるプレゼンという言葉の意味は、

プレゼン＝提案・報告・連絡・相談等の総称

だと理解してください。この定義がベースになりますので、

対面での打合せ、ビデオ・Web会議、メール、チャット、電話、等々

さまざまな形態・手段・人数規模のコミュニケーションについて、この本の手法でまとめて対処できると捉えてもらってOKです。

「紙1枚」同様、「プレゼン」にも本質がある

次に、「プレゼン」の本質をつかんでしまいましょう。「資料作成」や「紙1枚」に本質があったように、「プレゼン」にもやはり本質があります。たとえば、次の1行です。

Silence is Goal.（サイレンス・イズ・ゴール）

「はじめに」でも紹介しましたが、その時は誤読した人もいるかもしれません。

この言葉は、「沈黙は金」の英語版である「Silence is Gold.（サイレンス・イズ・ゴールド）」をもじって、私が勝手に作ったフレーズです。

（「ゴールド」ではなく）「ゴール」は、「サイレンス」である。

いったいどういう意味なのかというと、

プレゼンのゴールは、できるだけ「話さなくてもOK」な状態を目指すこと

これが、「紙1枚」プレゼンを通じてあなたに目指してほしい世界なのです。

実を言うと、かつては内向的な人間でした

私はトヨタの「紙1枚」文化にどっぷりハマって仕事をしていました。その研究・探求・追求ぶりは、少々病的なレベルに達していたと思います。いったいなぜ、このプレゼンスタイルにここまで魅せられてしまったのかというと、私が「内向的な人間」だったからです。

唐突ですが、牛丼屋の話をしてみたいと思います。あなたは、吉野家か松屋、どちらが好きですか。

私は学生時代、松屋の方が好きでした。なぜかというと、味ではありません。値段も似たり寄ったりなので違います。いったい何が決め手だったのかというと、松屋は「券売機でＯＫ」だったから。店員さんとしゃべらなくてもいいから、松屋の方が好きだったのです。さすがに今はもう大丈夫ですが、学生時代の私は、それくらい人と話すことがストレスでした。本音はいつも、

「とにかく、できるだけ相手と話さずに済ませたい……」

これが、私のコミュニケーションの基本スタイルでしたから、たとえば学生旅行の予約も常にネットで済ませていました。何か不明点があっても、電話で問い合わせることは頑なに回避し、延々とネットで調べ続けるような状態でした。

そんな私にとって、トヨタの「紙１枚」は最高の企業文化でした。このカルチャーのおかげで、口頭でのコミュニケーションにほとんど生理的なレベルで違和感を抱くような人たちが、社内にたくさんいました。そのため、手ぶらではなく紙ベースでのプレゼンが基本になっていました。

すると、前述の通り事前に考え抜いたうえで話ができるので、あまり話さなくても資料を見せれば、それだけである程度伝わる状態になってしまうのです。

考え抜いた軌跡を「紙１枚」にまとめておけば、資料を通じて相手が勝手に察してくれる。一つひとつの文章や言葉から、背景まで含めた意味をしっかり汲み取ってくれる。そんな高い読解力や解釈

力をもっている人たちが数多くいることもまた、この企業の強みだと思います。
ともかく、口下手でもどうにか仕事になるのが、トヨタの「紙1枚」文化なのです。

英語での資料作成も「紙1枚」でOK

この効果を特に劇的に感じたのは、海外出張の時でした。英語の学習自体は好きでしたが、私のスピーキングは片言レベル。「英語で打合せなんてどうしよう……」というのが本音でした。ところが、幸いにして「紙1枚」文化は海外のトヨタにも浸透していました。したがって、やることは日本と同じ。「第2章」で紹介したような「紙1枚」資料の英文バージョンを作成し、相手に見せてプレゼンするだけでOKでした。あとは、資料から相手が一生懸命汲み取ってくれます。結果、たいして話せなくてもコミュニケーションを成立させることが可能になるのです。

「そんなプレゼンで相手を説得できるとは思えないのですが……」

ここまで読みながら、右記のような感想をもった読者もいるかもしれません。ですが、たとえスピーキングがイマイチでも、日頃から真摯な姿勢でコミュニケーションを積み重ねていれば、意外となんとかなるものです。

この背景には心理学的な裏付けもあって、**「しくじり効果」**などと言われています。

多少の拙さや不備があることによって、むしろ相手に親近感を抱いてもらえたり、好感度が増したりする。これが「しくじり効果」の意味するところです。

あくまでもケースバイケースではあるのですが、「完璧なプレゼンをやらなければダメなんだ」という価値観に固執している受講者さんを、時々見かけます。そんな捉え方をしていたら、息苦しくて逆に身動きが取れなくなってしまうのではないでしょうか。

完璧主義の人ほど、「しくじり効果」は知っておいた方がよいと思います。


以上、当初は本当に情けないプレゼンレベルからのスタートでしたが、それでも数年間、繰り返し「紙1枚」による思考整理と資料作成、そしてプレゼンを続けていくなかで、次第に短所を克服していくことができました。もし、「紙1枚」文化のない企業で社会人生活をスタートさせていたらと思うと、今でもゾッとします。

「サイレンス・イズ・ゴール」を実現するカギ

ここまで、拙い体験談を開示してみましたが、いかがだったでしょうか。

もし、当時の私と同じように「自分も内向的です」「口下手です」「私もできるだけ話さないで済ませたいタイプです」ということなら……。

そんな人のために、「紙1枚」プレゼンは構築されたのだと思ってください。なにせ、「サイレンス・イズ・ゴール」です。「黙っていても伝わるレベルを目指すこと」が目的ですから、まさに福音といっていいレベルのプレゼン法になると思います。では、いったいどうすれば、「サイレンス・イズ・ゴール」に近づけるようなプレゼンが可能になるのか。

「話す」よりも「見せる」

以上です、と言われたら、またもや拍子抜けしてしまうでしょうか。

でも、本当にこれだけで「サイレンス・イズ・ゴール」は可能なのです。

「0秒プレゼン」体験談その①

私自身にも同じようなエピソードはあるのですが、本書では受講者さんの体験談を紹介しましょう。

仮にAさんとしておきます。とある法人向けセミナーで本書の手法を学んだAさんは、受講翌日からさっそく「紙1枚」資料を使ってプレゼンするようになりました。使っていたのは、「第2章」で紹介した「フォーマット1：要点＋詳細型」で、主に上司へのプレゼンの際に使っていました。

上司は当初、「なんだこの資料は」という反応だったようですが、Aさんは「せっかく学んできたので、しばらくこのフォーマットでやらせてください」と話し、上司に了承してもらったそうです。

その後、Aさんは、

企画書、報告書、仕事の進捗確認や連絡資料、異動の相談シート、等々……

とにかくあらゆる書類を「紙1枚」で作成し、プレゼンで使っていったそうです。そんな基本動作を、3か月ほど続けた時のことでした。Aさんは突然上司から肩をたたかれ、こう言われたそうです。

「お前、もういいわ」


このセリフだけを抜き出すとドキッとしてしまうと思いますが、真意を知れば「なるほど」となるはずです。

「紙1枚」資料を「見せて」、その構成に沿って繰り返し説明していると何が起こるのか。

当然ながら、毎回テーマが変わるだけで、資料の見た目も、話の持っていき方も同じようなことの繰り返しになっていきます。上司にしてみれば、いつも同じような資料で、同じようなプレゼンしかされないわけです。その結果、次第に次のような心境になっていきます。

「これって、いちいち説明してもらわなくても、まあ、わかるわな」

だから、「お前、もういいわ」という話になったのです。

その後、Aさんは資料が完成すると、上司のデスクにある未処理箱に入れておくようになりました。あるいは、上司や自分が出張で不在の時は、メール添付で送付しておく。上司は、時間ができた時に未処理箱から資料を取り出し、あるいはメールを開封し、頭の中で「Aさんはこうやってプレゼンするんだろうな」とイメージしてみる。ひととおり読んでみて引っかかるところがなければ、それでこの案件はOKと判断します。一方、気になることがあった時は、Aさんに「ねえ、これってどういう意味？」と声をかけます。遠隔なら、メールやチャット・電話を通じて確認する。

いずれにせよ、このスタイルに移行したことで、なんと打合せそのものがなくなってしまったのです。もともと私の講義を受ける前、Aさんは30分程度の打合せ時間を、上司と毎回確保していたそうです。これがビフォーです。

ビフォー：毎回の打合せ時間が30分程度必要だった

それが受講後、「見せて」伝える「紙1枚」プレゼンを実践したことで、半分の15分でも時間が余るようになってきたそうです。

アフター：半分の15分でも時間が余るように！

加えて、上司から「もういい」と言われたことによって、打合せ時間が0分になったのです。

驚異のアフター：打合せ時間が0分に！

上司から何か聞かれない限り、Aさんは何もしゃべりません。
ただ、「紙1枚」資料を見せておくだけ、見てもらうだけですから、これぞまさしく、

説明0秒＝サイレンス・イズ・ゴール

が実現した驚異の「紙1枚！」プレゼンと言えるのではないでしょうか。「サイレンス・イズ・ゴールド」は決して夢物語などではなく、本書の実践を通じて目指せる世界なのです。

「説明0秒」がもたらす「自由」な世界

このスタイルの「紙1枚」プレゼンのメリットは、単に打合せが「30分から0分になった」というレベルの話ではありません。

Aさんは、好きな時に資料を作って、上司の業務スケジュールに左右されることなくプレゼンを見てもらうことができます。その際はしゃべりませんから、直接顔を合わせる必要がありません。メール添付はもちろん、チャットで共有してもまったく問題ないでしょう。

一方、上司も好きな時間にAさんの資料を「見て」確認できますので、部下のスケジュールに合わせる必要がありません。

つまり、**自由に使える時間**がお互いに増えるのです。

もし、こうした「紙1枚」プレゼンがチーム単位、グループ単位、部単位、全社単位と拡大していったとしたら……。

計り知れないコミュニケーションコストの削減、生産性の向上につながるのではないでしょうか。

「0秒プレゼン」体験談その②

もう一つ、今度はBさんの「0秒プレゼン」エピソードを共有しておきます。
これから紹介する内容についての私自身の体験は、かつて電子書籍に書きました。
以前それを読んだBさんが、「私も同じような体験をしたんです」と教えてくれたので、本書で紹介したいと思います。
ある時、Bさんは風邪で会社を休んでしまいました。その日は他部署との打合せがあったので、申し訳ないという気持ちで翌日出社したところ……、上司から開口一番、こう言われたのです。

「Bさん、おはよう！　昨日の打合せやっておいたから」

驚いて、「え、説明はどうしたんですか？」と聞いてみたところ、次の答えが返ってきました。

「いや、だって君のプレゼンっていつも同じじゃない。だから、出向で来てくれているCさんに同じようにしゃべってみてと頼んだら、問題なくやってくれてね。

「それで相手の部署からもあっさり了承してもらえたからよかったよ」

この件に関して、Bさんは会社を休む前日に、メールで上司とCさんに資料を共有しただけ。補足説明はしていないという状況でした。

それでも「紙1枚」プレゼンなら、仕事が進んでしまう。これはひとえに、Bさんが1パターンでいつもプレゼンしていたからに他なりません。

「What?」「Why?」「How?」を網羅するような思考整理と資料作成を行なっていたからこそ、そしてそれを「紙1枚」にまとめて「見せて」プレゼンしていたからこそ、こうした体験につながったことになります。何より強調したい点は、Bさんは風邪で寝込んでいたため、この件について1秒もしゃべっていないのです。まさに「説明0秒」。それでも仕事が前進したわけですから、風邪自体は不可抗力ですが、これも「サイレンス・イズ・ゴール」の実現例と言えるでしょう。

3ステップでできる「説明0秒」プレゼン

このような「説明0秒」レベルの超効率的なビジネスコミュニケーションは、「紙1枚」プレゼンでなければあり得ないことだと思います。要点を抜き出せば、例によって次の3点に集約できます。

● STEP1：たとえテーマが変わっても、毎回「同じ体裁の資料」を作る
● STEP2：毎回「同じ流れ」で、「見せて」プレゼンする
● STEP3：プレゼン相手が慣れてきたら、どんどん「時間を短く」していく

「紙1枚」資料のプレゼン時間は、通常であれば3分から5分程度あれば十分足りるレベルです。その後、プレゼン相手と数回やりとりする時間を合わせても、Aさんが体験した通り10分から15分程度あればOKでしょう。「これだけでも物凄い時短だ」と感じる人もいると思いますが、最終的には、AさんやBさんのように、「説明0秒」レベルを目指すことも可能です。

本書をひととおり読み終わったら、早速トライしてみてください。

あなたからの「説明0秒」体験のメッセージを楽しみにしています。

最も本質から遠いコミュニケーション手段は？

「紙1枚」プレゼンとは、「紙1枚」資料を「見せる」ことである。そして、「サイレンス・イズ・ゴール」に近づけるよう、できるだけ話さなくてもいい状態を目指していく。

ここからはこの本質を基準にして、さまざまなコミュニケーションスタイルの優先順位づけをやってみましょう。

今回はいきなり結論から入ってしまいますが、次のようなまとめになります。

対面でのプレゼン ＞ ビデオ会議 ＞ メール ＞ チャット ＞ 電話

判断基準は、「**見せて伝えられるかどうか**」です。

このフィルターで眺めてみると、「サイレンス・イズ・ゴール」から最も遠いスタイルは、「電話」ということになります。チャットを使った音声通話も同じだと考えてください。

あなたの周りには、電話ばかりで仕事をしているような人がいるでしょうか。

私は出張が多いのですが、空港のラウンジや駅の待合室で仕事をしていると、電話をしながら怒っている人に時々出会います。何かを報告・連絡・相談すべく電話でプレゼンしているようなのですが、相手にうまく伝わらなくてイライラしているのです……。

本書の読者であれば、いったい何が起きているかはもう明らかだと思います。

伝えている内容以前に、「伝え方」の方に問題があるのです。

「見せて」伝えられない電話は、基本的に避けるべき手段だと捉えてください。

「どうしたら電話を回避できるか」と考えながら、日々のコミュニケーションを改善していく。そんな方向性で常に考える習慣をつけていってほしいのです。

具体的に一つ、私が実践していることをシェアさせてください。

私は仕事の際、基本的に電話を使いません

名刺にはメールアドレスしか記載していませんし、電話番号を聞かれても「使っていないので出ません」と言って開示を断っています。「サイレンス・イズ・ゴール」に自身のコミュニケーション環境を近づけるべく、電話ではなくメールベースでのやりとりを基本にしていきたいからです。

実際、電話ベースで仕事をしている人の中には、「考え抜いて仕事をする習慣」のない人が少なくありません。そして安易に、私たちの時間を奪ってきます。唐突な電話によってこちらの仕事を中断させられ、その都度相手からまとまりのない話を聞かされるわけですから、こんな理不尽な話はありません。そもそも、電話でいきなり回答を求められるようなシチュエーションでは、「紙1枚」思考整理法をやっている準備時間がこちらにもありません。

もちろん、「紙1枚」資料を見せることもできない……。

電話によるコミュニケーションというのは、実はかなり高度なプレゼン能力を求められる舞台に、いきなり引っ張り出されてしまうようなものなのです。

本書の実践を経て、「紙0枚」状態でも同等の思考整理力を発揮できるレベルに達したなら、それ

でもOKだとは思います。

ですが、初期段階では「電話ベースのビジネスコミュニケーションは、自他ともに百害あって一利なし」と考えておいた方が無難です。

かつては、電話しかコミュニケーション手段がなかった時代もたしかにありました。

ですが、時代はもう令和です。「見せて」伝えられない電話中心のワークスタイルは、さすがにアップデートしていきましょう。

「見せて伝えやすいか?」でワークスタイルを再設計する

次に、「**メール**」と「**チャット**」をまとめて解説してみます。

「見せて伝えられるか」という判断基準でいえば、この二つの手段はどちらもクリアです。電話より優先的に使っていきましょう。ではなぜ、「メール」が「チャット」より上に来ているかというと、これは「**思考整理した結果を見せやすいか**」という観点からの判断になります。

チャットでのコミュニケーションは、基本的にスピード感が求められます。もちろん、取り込み中なら返信しなくてもOKなはずなのですが、なぜか返信したくなってしまう。

あるいは、「返信できないとまずい」というような心境になってしまうビジネスパーソンは多いようです。この点についても、以前ワークショップ参加者にアンケートをとってみたのですが、半分以上の人が「返信は即時~5分以内にほしい!」という時間感覚でした。

したがって、チャットベースだとどうしても深く思考整理することなく、安易に答えてしまいがちになる。そうした認識を、ぜひもっておいてほしいと思います。

ここで、「第1章」の「紙1枚」思考整理法のところで取り組んだ「副業解禁のワーク」を思い出してみてください。あそこで「当初は賛成（反対）だと思っていたが、思考整理してみたら反対（賛成）に変わった」という体験をした人もいたはずです。

「考え抜いて仕事をする習慣」をもつ人同士でない限り、チャットメインでビジネスコミュニケーションを組み立てていくことは、やはり難しいと思います。

即レス仕事術の罠

これに対して、メールはじっくり思考整理してから返信することが可能です。

次ページ【図23】のような文面で相手に送信すれば、メールであってもある程度は「見せて」伝えることが可能になるでしょう。

ところで、ビジネス書の世界ではよく、「**メールに即レスすることが一流の共通点**」だとか、「**メールの返信が遅い人は仕事ができない**」などと書かれたりしています。

本当にそうなのでしょうか。

電話とメールを比較した時の利点は、「見せて」伝えられることです。また、【図23】のようにメールの文面を工夫することで、「思考整理した結果」を見せて伝えることも可能です。

図23

「紙1枚」思考整理法によるメールの文例

件名：【報告】BCP 説明会を受けて

○○課長

お疲れ様です。○○です。

本日午前、BCP に関する説明会に出席してきました。
以下に概要をまとめましたので、ご確認ください。

1．そもそも BCP とは？ ← Q1 : What?
・事業継続計画（Business Continuity Plan）の略
・緊急事態が発生した際、損害を最小限に抑え、
　事業継続と迅速な復旧を実現するための計画
・大企業では策定済みも多いが中小企業では未整備多数

2．なぜ BCP が重要？ ← Q2 : Why?
・新型肺炎や震災等のリスクが極めて高い時代
・有事が発生してからでは対応が間に合わない
・お客様や株主、取引先等からの評価基準になりつつある

3．今後、自社の BCP をどうやって策定？ ← Q3 : How?
・当社にはまったく知見がない
　⇒ BCP 策定支援サービス企業に相談
・同じ事業規模の会社にヒアリングを実施
　⇒今後、A社B社C社を訪問予定
・５月の経営会議に議題として提出し、
　それまでに部として案を確定

上記を踏まえ、今後の進め方について一度相談する時間をください。
よろしくお願いいたします。

○○　○○（○○○　○○○）<○○○○@kyouino.co.jp>

株式会社　○○○○　第１営業部
〒162-0845　東京都新宿区市谷本村町○−○　○○スクウェア○階
（TEL）03-0000-0000　（FAX）03-0000-0000
（WEB）https://www.kyouino.co.jp/

これが、チャットと比較してメールが優先される理由になります。

何より、そういった**「思考整理の時間を確保できる自由」**があること。これが最大のメリットです。

むしろ、「考え抜いて仕事をする習慣」をもたない人が即レス仕事術をやったら、かなり迷惑なことになってしまうと思うのですが、いかがでしょうか。

たしかに、「仕事ができる人のメール返信は早い」のかもしれませんが、それは「考え抜いて仕事をする習慣」を高度に実践できている人だからこその話です。そうでないなら、「即レス信仰」に囚われることはやめましょう。

実際、私自身はチャットやメールに即レスすることはほとんどありません。

1日のどこかでまとまった時間を確保し、そこで一気に返信をしています。

令和の時代も「即レス」で働きますか?

電話は**「同期型メディア」**ですが、メールは**「非同期型メディア」**です。メールの受信と返信を、「同時に」にやる必要なんてない。これが「非同期型」の意味するところであり、メールの本質です。

「即レス」信仰は、メールを電話と同じ「同期型メディア」として捉えていることが前提にあります。

私は「非同期型メディア」としてメールを捉えているので、自分にも相手にもタイムラグはあってしかるべきだというスタンスです。

では、チャットはどちらかというと、先述のスピード感をベースにするとやはり「同期型メディア」

になってしまいやすいと思います。とはいえ、チャットに関しては、メール的な使い方もできないわけではありません。なので、本書で理解したことをベースにして、自分なりの運用ルールを決めておくのがいいと思います。

一番簡単なのは、周囲に「私は、【緊急】だとか【至急返答ください】と書かれていない限り、基本的には1日のどこかでまとまった時間を確保し、そこでメールにもチャットにも返信します」と宣言してしまうことです。「この人はそういう働き方なんだな」と周知できれば、賛同して一緒にやってくれる人も現れると思います。そもそも現代は、「いつでもどこでもつながれる」時代です。それを受けて、「**つながらない権利**」と呼ばれる新しい権利すら提唱され始めています。

「同期型メディア」か「非同期型メディア」か。

こういった考え方は今後ますます重要になってくると思いますし、メールがもつ「非同期型メディア」という特性は、もっと尊重されるべきです。

「即レス」は、多様な働き方がベースとなる令和の時代でも、仕事ができる人の条件なのか。「**タイムラグを許容する＝自分や相手の時間を尊重して仕事ができている**」という評価も可能なのではないでしょうか。この機会にぜひ向き合ってみてください。

「対面」でのプレゼンにはこれだけのメリットがある

最後に、「**対面でのプレゼン**」と「**ビデオ会議**」をセットにして解説したいと思います。

このスタイルはどちらも、「見せて伝える」が非常にやりやすい手段です。
あらゆるプレゼンは、基本的にこのどちらかでやるべきだと捉えてください。
まず、最も本質に接近していきやすいのが、「対面」でのプレゼンです。

●「対面」でのプレゼン：
①相手と「同じ空間」で、
②「プリントアウト」した「紙1枚」資料が手元にある状態で、
③1パターンの「見せる」プレゼンを、繰り返し行なえる

本章で紹介したAさんやBさんのケースも、この「対面」でのプレゼンに該当します。こうした環境で「紙1枚」プレゼンを積み上げていけることが、「サイレンス・イズ・ゴール」に近づいていく最短距離です。資料についても、「デジタル媒体」ではなく「紙媒体」で見せられるため、より短期間で伝わる状態を量産できるところまでもっていけるでしょう。最終的には、あなたのプレゼン相手が、AさんやBさんの上司のような認識になってくれることも期待できるはずです。

今後、プレゼンの機会があるたびに、「どうすればこのスタイルに持ち込めるだろうか」と考えてみてください。結果としてできたかどうかは、初期段階では気にしなくてもOKです。

大切なのは、毎回「できるだけ理想的な状態を目指そう」という思考習慣を養えるかどうか。

これが当たり前になってくれれば、自然と工夫もできるようになってきますし、そうすれば成功ケースも増えていきます。少しずつでいいので、日常の中でトライしてみてください。

「遠隔」でのプレゼンだからといって妥協しない

次に、同じ空間での実施が難しいケースで考えてみましょう。

具体的には、TVカンファレンスやWeb会議、チャットにおけるビデオ通話機能を使ったオンラインミーティングでプレゼンするようなイメージです。

この場合は、先ほどのまとめが次のように書き換えられるでしょう。

●「遠隔」でのプレゼン：
①相手とは「異なる空間」で、
②「デジタル端末」で「紙1枚」資料を表示した状態で、
③1パターンの「見せる」プレゼンを、繰り返し行なえる

デジタル端末の場合、相手の理解度が相対的に低下してしまうという点については、これまで繰り返してきた通りです。とはいえ、現実的にはこのスタイルが、今後ますます増えてくると思います。まず外してはならないポイントは、「デジタル完結」だとしても「できるだけ資料は作成する」「資料なしではやらない」ということです。

「序章」の時点では、「資料作成を怠ることで思考整理の機会が奪われる」点を強調しましたが、プレゼンの観点でいうと実はもう一つ、極めて重要な話があります。すなわち、

資料を作成しないと、相手に「見せて」伝えられない

手書きで思考整理し、その結果を「見せずに」プレゼンしたとしても、たしかに相手に「わかりやすい」と言ってもらえる場面自体は増やせると思います。

ただ、それはあくまでも「思考整理せずにプレゼンした場合と比べて」の話です。

やはり資料を見せて伝えた方が、より短時間で伝わりやすくなります。

ましてや、今回はデジタルベースの遠隔コミュニケーションです。対面の時よりも相手の理解度が落ちている状態でも確実にプレゼンを成功させたいなら、やはり資料は準備した方が安全なのではないでしょうか。

本質から仕事を組み立てていけば、こういった捉え方が自然とできるようになってきます。

安易にプロセスカットはしない

「オンラインでの会議なのに資料を作るなんて面倒だな」と感じた人もいるかもしれませんが、私たちは「第2章」で非常に簡単な「紙1枚」資料作成法をすでに学んでいます。慣れてくれれば、思考整理と資料作成の両方を合わせても、30分以内に資料を用意できるようになるはずです。何より、これは決して面倒な「作業」ではなく、「考え抜くこと」につながっていく大切な時間になります。デジタルだからといって安易にプロセスカットせず、できるだけ対面の時と同じ手順を踏んでいってください。

以上、「サイレンス・イズ・ゴール」「思考整理してから伝える」「思考整理した結果を見せられる状態にして伝える」といった本質を判断基準に据えることで、さまざまなコミュニケーションスタイルの整理整頓を行なってみました。これで、かなりスッキリしたのではないかと思います。ぜひ自身のプレゼンスタイルを振り返り、日々のコミュニケーション環境の再構築に励んでください。

さて、ここからは超実践的な解説にシフトチェンジします。

先ほどまでは「媒体」別でしたが、今度は「人数」別に、どうやって一発ＯＫのプレゼンを量産していくのか。この観点で、すぐに行動に移せるテクニックをいくつか紹介していきます。

自身で実践する時のイメージを膨らませながら、読み進めていってください。

まずは「**1対1**」でのプレゼンを想定してみましょう。ほとんどの場合は、上司への提案や報告・連絡・相談等になってくると思います。このケースは非常に「紙1枚」プレゼンがやりやすいので、最初の実践にはもってこいです。

基本的なやり方は、「紙1枚」資料を作って見せながら説明すればOKなのですが、その際に三つほど、さらに伝わりやすさを高める「プレゼン基本動作」があります。

右か左か、どちらからプレゼンする?

伝わりやすさを高める「プレゼン基本動作その1」は、「**利き側から話しかける**」です。

1対1の場合、それも職場の人にプレゼンするケースでは、打合せテーブルや会議室ではなく、自席に座っている相手に話しかける場面も数多くあると思います。

その際、「あなたは相手のどちら側から話しかけていますか?」と聞かれたらどうでしょうか。

「そんなことは考えたこともありません」という答えの人が大半だと思います。

ですが、本当にそれでいいのでしょうか。試しに、あなたが相手から話しかけられるケースを想定してみましょう。

あなたは右側か左側か、どちらから話しかけられた方がいいですか?

こう問われると、大半の人がどちらか一方の側を答えてくれます。

人にはどうやら、「**得意な側**」と「**苦手な側**」があるのです。

私は学生時代から心理学や脳科学が好きで、ずっと学び続けています。

その際に得た知見の一つが、この「**利き側**」です。

ただ、「左側から話しかけるといい」と言っているものもあれば、「いや右側だ」という話もあって、当初は混乱しました。

心理学の実験なんて案外そんなもので、まったく逆の結論が両方とも「心理学的な裏付けのあるテクニック」などといって紹介されたりしているのが実情です。

なので、自分で試してみて、体感としてしっくりくるかどうかで判断してもらえばいいと思います。くれぐれも右往左往しないでください。

ちなみに、私の「利き側」は「左」です。右側から話しかけられると、相手の話が理解しにくくなるという実感があります。

ですから、人の話を聞く時は、基本的に左から声が入ってくる状態の方が好きです。たとえば講演会等に参加する際、私は会場の右側の席に座るようにしています。プレゼンターの話が、左側から聞こえてくる席だからです。

当然、「私は右の方がいいです」という人もいるでしょう。あなたも実際に試してみて、まずは自分の「利き側」を把握してみてください。それでピンときたら、今度は相手の「利き側」リサーチに移りましょう。まずはゲーム感覚で、「今回は右からプレゼンしてみよう」「前回は右だったから今回は左から話しかけてみよう」という感じで、繰り返しトライしてみてください。意識的にやっていれば、次第に相手の「利き側」がどちらかみえてくるはずです。

相手の関心をこちらに向ける「視線のマネジメント」とは？

伝わりやすさを高める「プレゼン基本動作その2」は、「**指差し**」です。

相手にプレゼンをする際、「利き側」からアプローチする。これに加えて、ぜひ相手や自分の「紙1枚」資料を「指差し」しながら、説明を始めてみてほしいのです。

そうすることでいったい何が起きるのかというと、

相手の視線を「紙1枚」資料に集めることができる

その結果、

相手が、あなたのプレゼン内容に集中してくれるようになる

こんな効果が期待できるのです。

私はこれを、「**視線のマネジメント**」と名付けています。

たいそうなネーミングですが、効果があるからこそ、多くの読者に実際に試してほしいからこそ、あえてこんな名前にしておきました。動作は極めてシンプルです。

たとえば、あなたの上司が物凄く忙しいとしましょう。分刻みのスケジュールで仕事をしている上司をなんとか捕まえて、あなたは口頭でプレゼンを始めてみました。

ところが、上司の関心はこの後の案件に向いているようで、あなたの話をまともに聞いている気配がありません。

こんな時、口頭でのプレゼンでは、上司の意識をこちらにもってくることが極めて難しくなります。

一方、あなたがもし「紙1枚」資料を携えてプレゼンすることができれば、相手はまず資料を見てくれる。

この時点で、最初の「視線誘導」に成功したことになります。

そのうえで、あなたは次のようにプレゼンを始めましょう。


「今回はこの資料に基づいて相談をさせてください。まずは最初の枠から説明します」


そう言いながら、上司が見ている資料の一番上の枠を「指差す」のです。

相手と距離があって難しい場合は、自分の資料を相手に見せながら、該当箇所を「指差し」してもらっても構いません。

「聞く耳」は「目」でもってもらえる

すると、上司の視線は資料内の「枠の中」に留まるようになります。

これまで紹介してきた「紙1枚」資料の枠には、実は「**聞き手の視線を留まらせる**」という効果もあるのです。視線が枠内に収まれば、書かれている情報に集中でき、頭にも入ってきやすくなります。プレゼン相手のコンディションを、「**紙1枚×枠×指差し**」のコンビネーションによって整えることができるのです。

ここまでできたら、あとはもう指差しなしでも構いません。

上司は無事に最後まで、あなたのプレゼンを集中して聞いてくれるでしょう。

些細な動作ですが、効果は絶大です。

「このアクションをやったら、本当に相手が私のプレゼンに集中してくれるようになりました」「聞く耳をもってもらうという言葉を、こんなシンプルな動作で実践できるなんて目からウロコでした」等々、嬉しいコメントを何度も受講者さんからもらっています。

分刻みで過ごしているマネジメント層にプレゼンする際、私もこの基本動作には何度も助けられました。「青ペンか黒ペンか」の時にも書きましたが、この動作の実践にも何のリスクもありません。

それで大きなリターンを期待できるのですから、ぜひトライしてみてほしいと思います。

いつまで経っても「。」がやってこない問題を解決する

伝わりやすさを高める「プレゼン基本動作その3」は、「**短文で話す**」です。

相手の「利き側」からアプローチし、「指差し」説明で意識のフォーカスをこちらに向ける。あとは「紙1枚」資料に沿ってそのまま話すだけなのですが……。

ここで、プレゼンが苦手だという人ほど、次のような説明を始めてしまいます。

「今回なぜ、この企画をやりたいのかというと理由は三つありまして、まず一つ目はそもそも競合他社と比べた時にうちだけがやっていないという話がありまして、お客様からもなぜやっていないんだというような要望を多数いただいている実態があったりもするのですが、そんななか今年は予算が確保できそうだという見込みがありますので、だったらぜひやりたいなということで今回のプレゼンをさせてもらっているわけなのですが……」

読みながらうんざりしたと思いますが、このようにいつまで経っても「。」がやってこない話し方

をしてしまう人が、どうしても一定数現れるのです。

先ほどのプレゼンは、本来であれば次のような話し方になります。

「今回なぜ、この企画をやりたいのかというと理由は三つあります。まず一つ目は、競合がみなやっているなかでうちだけが未実施という状況だからです。二つ目として、その点についてお客様からの要望も上がっています。最後に、実施のための予算が、今年なら確保できるからです」

「紙1枚」思考整理法を構築し、人に教えるようになって7年が経過しました。今でも教えるたびにさまざまな体験をするのですが、当初驚いたのが、この「いつまで経っても『。』がやってこない」問題でした。

フレームによって視覚的に区切られているわけですから、プレゼンする時も当然ながら区切って話してくれるだろう。

素直に考えればそうなるはずですし、実際、多くの受講者さんはそうなります。ですが、どうしても一定数の人は、せっかく区切ったフレームをすべてつなぎ、長大な一つの文にして話そうとしてしまうのです。

「私は端的に話せている」という誤解

いったいなぜ、こんなことをやってしまうのか。

数多くの受講者さんと対話をするなかで、その原因が次第にわかってきました。

細かくあげれば色々あるのですが、あえて1点に絞るとこれだけです。

「自分が短文で話せていない」という「自覚がない」

心の底から、「自分は端的に話せている」と確信しているのです。

自覚がない以上、カイゼンのモチベーションはわいてきません。

なかには、私が指摘してもなお、「自分は短文で話せている」と言い張る人がいました。

そこで、その場でプレゼンを「**録音**」し、後で聴いてもらいました。

「これは本当に私ですか。声が違うので別人だと思います」と言われた時には、さすがに途方に暮れましたが、ある意味このリアクションは「よいチェックポイントだな」とも感じました。

自分の声を聴いた経験が少ない人。

自分の声を聴いても自分だとわからないような人。

こういう人は、「**自分のプレゼンを客観視すること**」をこれまでほとんどやってこなかったわけですから、自身の話し方のクセがわからなくて当然なのです。

あなたは「私は端的に話せている」と確信をもって答えられるでしょうか。

「はい」という人ほどぜひ、自分のプレゼンを録音してみてください。

今はスマートフォンがあれば、誰でも簡単に録音ができる時代です。あるいは、音声認識アプリを活用すれば、もっと露骨にわかります。

自分がしゃべった音声をリアルタイムで文字に起こしていく。

そうすれば、二つや三つの文を一つにして話してしまう傾向が自分にあるのかないのか、「文字通り」一目瞭然です。

ぜひ自己認識とのズレがないか、チェックしてみることをおススメします。

他拠点をつないでプレゼンする際の盲点

次は、「**1対複数人**」のケースを想定してみましょう。

イメージとしては、会議室に5人から10人程度の人が集まっている状態でのプレゼンです。直接ではなく遠隔で打合せをする場合もここに該当します。

実践時の出発点は、いつも同じです。本質からスタートして考えましょう。

カギは、「サイレンス・イズ・ゴール」に近づけていくこと。

そのために、「見せて」伝えるが基本動作です。

したがって、次のようなプレゼンスタイルはＮＧということになります。

自分だけが手元に資料を用意し、参加者には配付せずにプレゼンする

「そんなことはあり得ません」と思う人もいるかもしれませんが、たとえば複数拠点をつないでＴＶ会議をするケースだったらどうでしょうか。

自分がいる会議室の参加者には資料を配っていても、他拠点の参加者は各自でプリントアウトしてくるようにお願いする。そんなケースが多々あるはずです。

すると、高い確率で打ち出さずに出席する人が現れます。

そこで、このようなケースでは、まずプレゼンの冒頭で手元に資料があるか確認するようにしてください。

もし他拠点の方にキーパーソンといえる参加者がいるのであれば、その拠点の秘書の人に頼むなどして、なんとか資料が手元にある状態を実現するべく、事前準備を入念にするべきです。

重要な案件ほど、「紙媒体＞デジタル媒体」の本質を、確実に達成していきましょう。

「思考整理∨資料作成」だからこそ、こんな配慮も可能に

次に、今回の場面設定の場合、パワーポイントスライドをスクリーンに投影してプレゼンするケースもあると思います。あるいは、パソコンのデスクトップ画面を参加者に共有して、ディスプレイ上でスライドを流していくケースもあるでしょう。

その際のパワーポイントスライドは、もちろん「第2章」で紹介した「フォーマット3」を活用して作成してください。

それをスクリーンに投影したり画面共有すれば、「見せて」伝えることは実現できます。

では、配付資料はどうすればよいのでしょうか。

デスクトップ画面を共有する場合は、そもそも配付資料なし。スクリーン投影の場合は、パワーポイントスライドをそのままプリントアウトして配付している人が多いと思います。

ですが、ペーパーレスの時代にさすがにこれはエコではありません。今後ますます、そういったことが許されないシチュエーションは増えていくでしょう。

何より「一覧性」がありませんので、配付資料として有効に機能もしません。

ではどうすればよいのか。

フォーマット1もしくは2で作った「紙1枚」資料を配付する

もとをたどれば、同じ「紙1枚」思考整理法に行き着くわけです。

それをパワーポイントスライドで資料化するか、「紙1枚」フォーマットで資料化するかの違いでしかありません。

「資料作成よりも思考整理」という世界観から出発しているからこそ、こんなことが気軽にできてしまうのです。

この互換性を有効活用し、ぜひ柔軟に組み合わせていってください。

「プレゼン」という言葉がもつ固定観念を破壊する

ここまで読み進めた読者の中には、こんな感想を抱いた人がいるかもしれません。

「結局『紙1枚』資料も作成して配付することになるのなら、パワーポイントスライドを作らずに、最初から『紙1枚』資料でプレゼンすればいいのではないか」

これはまったくその通りで、わざわざパワーポイントスライドを用意する必要なんてないというケースが、実際には数多くあります。

特に、写真をふんだんに使って「ビジュアル・エイド」として活用するわけでもなく、ただ自社テンプレートに文字情報だけを放り込んだような資料の場合、本当にわざわざスクリーンに投影する必要があるのでしょうか。

「プレゼンとは、スクリーンに投影されたスライドを前に話すもの」という固定観念に囚われていると、こういう発想が出てこなくなってしまいます。

そもそもパソコンをプロジェクターにつなぐ時に、接触が悪いであるとかケーブルの差込口が合わないなどといって、慌てふためいている人をよく見かけませんか。

そんなことにナーバスになるくらいなら、投影なしのスタイルに変えてしまいましょう。

「プレゼンとは、スクリーンに投影されたスライドを前にして話すもの」というイメージに固執してしまっていないか。

どうか一度、自身の感覚を点検してみてほしいと思います。

キーパーソンを視覚的に見分ける方法

この規模のプレゼンの際にもう一つ、知っておくといいポイントを追加しておきます。日本語には、

座右の銘、座右の書、右にでる者はいない、右に同じ

といった格言があります。格言は、本質の宝庫です。つまり、

右に座っている人の方が格上、キーパーソン、意思決定者

である可能性が高いということになります。

たとえば、商談でプレゼンをする時、初対面で先方の人間関係や上下関係がみえなかったとしましょう。その場合は、基本的に「**自分から見て左側に座っている人が上**」と判断し、積極的にアイコンタクトを取ってプレゼンするようにしてください。

もちろん、単に「利き側」だからそちらに座っているという可能性もあります。なので、名刺交換時に肩書を確認したり、最初のちょっとした会話の中で序列を見極めたりして、総合的に判断していってください。

これも「利き側」同様、まったく気にしていなかった読者が大半だと思います。あくまでも王道は、「紙1枚」資料を「見せて」プレゼンする。ただ、その周辺には、なかなか面白いトピックがたくさ

ん転がっているのです。

不特定多数向けプレゼンの本質的なテクニック

最後は、「**大人数向け**」のプレゼンです。イメージとしては30人以上、場合によっては１００人以上という規模感がここに該当します。

一般的なビジネスパーソンがこの場面設定で話すことがあるとしたら、社内であれば全社ミーティング。社外であれば、ＰＲイベントでのプレゼンなどでしょうか。

基本的な留意点は、これまでに学んできたことをそのまま当てはめてもらえばＯＫです。そのうえであと三つほど、できるだけ本質的なプレゼンテクニックを追加しておこうと思います。

自分の立ち位置で緊張を和らげる

まずは、「1対1」のプレゼン場面で学んだ「利き側」の話の応用になります。

どういうことかというと、自分がプレゼンターとして登壇する時は、「**客席から見て、演台があなたの利き側にある状態で登壇**」するのです。

私の利き側は「左」なので、受講者の様子を左から捉えることができる側に、演台を置いてもらっています。

こうすることで、プレゼンの際、会場の空気感を把握しやすくなるのです。聴衆の様子が見やすいので、反応を確認しながら話すことが可能になります。

加えて、もう一つ重要なメリットがあって、

大人数を前にしても、緊張しにくくなる

このメリットは、多くの読者が手にしたいのではないでしょうか。サラッと書いてしまいますが、緊張の本質は「**自意識過剰**」です。自分に意識が向いているからこそ、緊張してしまう。逆に、相手に意識を向けられるようになれば、その分、緊張は緩和できるのです。

この点についてつい最近、非常に印象的な出来事がありました。

あるイベントに登壇した際、終了後の懇親会で話しかけてくれた人がいました。私はその人を見て「あること」に気づいたので、それをそのまま、

「前澤友作さんが好きなんですね」

と言葉にして言ってみたのです。

その人は、胸に「Ｌｅｔ'ｓ　Ｓｔａｒｔ　Ｔｏｄａｙ」と書かれたＴシャツを着ていました。これは、元ＺＯＺＯの前澤友作さんが、ソフトバンクの孫正義さんと退任会見をした際に着ていたＴシ

ャツだったのです。驚いたのが、この発言を聞いた相手の反応でした。

「今日は何十人も人と話してきましたが、このTシャツに気づいてくれたのは浅田先生が初めてでした！」

このイベントには、ビジネス書をたくさん読むような意識の高い参加者が１００名以上集まっていました。この参加者クラスであれば、Tシャツについて半分以上の人は知っていたはずです。にもかかわらず誰も気がつかなかった理由は、残念ながら「自分にしか関心が向いていないから」なのではないでしょうか。

「プレゼンで緊張しない人」の共通点

相手を見る。そして、気づいたことを言う。本当にただこれだけのことなのですが、それができないくらいに相手ではなく自分に関心が向いてしまっている。ビジネスコミュニケーションの本にはよく、「人は自分にしか興味がない」といった話が登場しますが、残念ながらこれは本質だと思います。でも、だからこそ緊張してしまうのです。カギは、「自意識過剰」からの脱出。

実際、私は大人数でもまったく緊張しません。常に参加者の観察をしているからです。眠そうにしている人がいたら、話題を変えたり、ワークを取り入れたりします。「わからない」という表情の人がいたら、具体例を追加する。あるいは、服を着たり脱いだりする様子から、会場の温度調節の要否も判断しています。

「自分」に関心を向けている暇なんてない

これが、プロの教育者・プレゼンターとして日々仕事に向き合っている私の本音です。そして、プレゼンで緊張しないという人ほど、このメッセージに賛同してくれます。

ただ、相手に関心を寄せ、相手を観察するためには、自分の「利き側」に聴衆がいてほしいのです。これが、「**客席から見て、演台があなたの利き側にある状態で登壇**」することの意味です。「なるほど」と感じてくれた方は、まずは自身の「利き側」の特定からスタートしてみてください。

ここでも「サイレンス・イズ・ゴール」が役立ちます

二つ目は、「**沈黙**」の活用です。

まず前提条件として、大人数になればなるほど、ペーパーレスやコスト等の理由から配付資料をそもそも配れない。そんなケースが今後ますます増えていくはずです。すると、資料や枠線を活用した視線のマネジメントができなくなり、参加者の意識を集中させることが難しくなってしまいます。

では、どうするのか。演台に立っているあなたに、意識を向けさせるしかありません。

「そんなことをしたら、ますます緊張してしまいます……」

という人は、パワーポイントスライドをスクリーンに投影してプレゼンするようにしてください。

そうすれば、あなたではなくスクリーンに意識を集めればいいので、聴衆の視線をダイレクトに浴びなくて済みます。ただ、スクリーンを「指差し」することは難しいでしょう。

そこで、代わりに「沈黙」を使います。

「それではプレゼンを始めたいと思うのですが……。
皆さんの意識がこちらに集中したらスタートしますね」

たとえばこんなセリフを冒頭で話し、

実際に相手の意識が集まるまで「沈黙」する

これだけでOKです。人は、空白と同じように沈黙も嫌います。特に大人数であればなおさらです。「早くしゃべってくれ」という心境になってきます。

すると、当初はスマートフォンをいじっていた人も、次第にあなたの方を向いてくれるはずです。パソコンを開いていた人も、閉じてこちらを向いてくれるでしょう。

その場の全員が、あなたやスクリーンの方を向くまで、ずっと黙っていてください。

といっても、そんなに時間はかかりません。どんなに長くても10秒程度黙っていれば、さすがに何百人の会場であっても全員があなたの方を見てくれます。特に日本人は集団意識が強いので、「自分だけが別のことをやっているせいで周りに迷惑をかける」という事態には敏感です。

文脈は異なりますが、これも一つの「サイレンス・イズ・ゴール」と言えるのではないでしょうか。

最後に、とっておきのノウハウを

三つ目のテクニックです。これで最後なので、とっておきを披露します。

プレゼンを客観視している「もう一人の自分」を育む

これは相当に奥深い本質です。優れたプレゼンターたちの話を繰り返し聞いていると、彼らの発言には「ある共通点」があることに気がつきます。

自分のプレゼンを客観視している「もう一人の自分」がいる状態で話している

「もう一人の自分」がいる状態でプレゼンできると、あなたの立ち居振る舞いが根本から変わってきます。堂々と、焦らずゆったりとした佇まいで、自信をもってプレゼンができるのです。

逆に、「もう一人の自分」がいない状態で、これ以上細かいプレゼンテクニックについてあれこれ学んでも、身に着けることはできないと思ってください。

では、どうやって「もう一人の自分」を自身に養っていくのかというと、

自分がプレゼンしている姿を撮影し、最低10回以上見る

これだけでOKです。

録音の時と同じ流れですが、現在はかつてなく簡単に録画もできる時代です。

どうかプレゼン本番の前に、まずはリハーサルをしてみましょう。その際、その姿を録画してほしいのです。そして、その映像を10回以上、淡々と見返す。

本当に、文字通り「ただ見るだけ」でOKです。

「自分のプレゼン姿」を「客観視」する方法

なぜ10回以上見てほしいのかというと、「自分のプレゼン姿」を見る。そのことについてのストレ

ス自体を、まずはなくしてほしいからです。

残念ながら、この「とっておき」を紹介しても、多くの人がやってくれません。「自分のプレゼン姿を見るなんて耐えられない」と言われてしまいます。

ですが、あなたが今後、優れたプレゼンターになりたいのであれば、**「プレゼンしている自分の姿を見る時、ストレスを感じなくなること」**は、最低条件だと思ってください。

私は今でも、自身のワークショップを毎回のように録画し、登壇後に見返しています。もう100回以上そんなことをやっていますから、自分の姿を見たり、声を聞いたりすることについてのストレスは、まったくありません。

そうです。

そうやって、「冷静な状態で自分のことを観察できる自分」がいること。これが、「もう一人の自分」なのです。そして、「もう一人の自分」を育むことさえできれば、自身のクセや妙な動きに数多く気がつけるようになります。でも、だからといって自己嫌悪に陥り、落ち込むようなこともありません。淡々と対処し、少しずつそうしたクセを減らしていくことができるようになります。

この章では「見せて伝える」ことの重要性を連呼してきましたが、「資料を見せるか見せないか、それが問題だ」という話の前に、本当は、

「あなたがどう見られているか、それが問題だ」

という次元の話があるのです。実は、この点について掘り下げることが最終章のテーマなのですが、ともかく現時点でわかっておいてほしいことは、

「録音」しよう、「録画」しよう、そして「自身を客観視」しよう

これが、一流のプレゼンターに近づく最短距離の基本動作であることは、どれだけ強調しても強調し足りないくらい大切なポイントです。

以上、大人数向けのプレゼンテクニックを三つほど紹介しました。

今の私はこのシチュエーションが主戦場なので、実際には他にも色々な技術を駆使して日々のプレゼンを行なっています。

その中から読者にとって特に有効なものを選んで、解説を加えてきました。

それでもプレゼンがうまくいかない時にすること

「第3章」を終えるにあたって、最後に一言だけ。

すべてを同時に実践することは大変です。どれか一つでいいので、できそうだと感じたものから試してみてください。

当初は、うまくいかないケースもあるでしょう。

その際は、くれぐれも「全否定」ではなく「部分否定」で振り返るようにしてください。すなわち、この本に書かれている内容のうち「何ができて、何ができなかったのか」と捉えてみてほしいのです。「全否定」ではなく「部分否定」でチェックできれば、自然と「部分肯定」も可能になってきます。できた部分については素直に自分を褒め、うまくいかなかった部分については、本書を繰り返し読みながらまた実践していく。そうした日々の積み重ねによって、あなたは優れた「紙1枚」プレゼンターになることができます。

そんなあなたのプレゼンを、いつか私にも聞かせてください。

お会いできる日が来ることを、楽しみにしています。

終 章

「紙1枚」から「紙0枚」へ

ゴールは「紙1枚！」の先に待っている世界とは？

ここまで読み進めてくださり、本当にありがとうございました。

「第1章」から「第3章」を通じて、あなたは、

- 「紙1枚」プレゼンとは何なのか？
- 「紙1枚」プレゼンがなぜ重要なのか？
- 「紙1枚」プレゼンをどうやって実践するのか？

こうした「What？」「Why？」「How？」にもう答えられるはずです。

あとは自身の仕事に当てはめながら、どんどん経験値を上げていってください。

ただし……。

最後に一つ、どうしても書いておきたいメッセージがあります。

第3章で紹介した「サイレンス・イズ・ゴール」というキーワード。

そのゴールは、「紙1枚」を「見せて」伝えることで達成できるという話をしてきました。この答え自体はまったくもってその通りなのですが、本当のことを言うと「初期の実践レベルの答え」だったりします。

では、「より上級者向けの答え」は何になるのかというと、

ゴールは「紙0枚」、何も見せなくても伝わる

レベルの高い話なので、当初は書くべきことではないとも考えました。

ただ、本書の耐用年数や対象範囲はできるだけ長く・広くしておきたいですし、これから書く話とこれまでの内容を比較することで、認識もより深まるはずです。

近未来の自分を垣間見るようなつもりで、以降を読み進めていってください。

「プレゼンス」のレベルをじわじわと高める

プレゼンの本質について、もう一つだけあなたと共有しておきたいと思います。

プレゼンとは、「プレゼンス」である

「Ｐｒｅｓｅｎｃｅ＝プレゼンス」という言葉はなかなか日本語に訳しにくいのですが、本書では、

プレゼンス＝存在感、信頼感、あなたがこれまでに積み上げてきたもの

といった意味合いで使っています。
したがって、プレゼンがプレゼンスで決まるのであれば、大切なのは、

- **あなたが普段から、どのような言動や仕事ぶりを積み重ねているか？**
- **あなたがこれまでに、プレゼン相手とどのような関係を構築してきたか？**
- **初対面の相手にも伝わるような実績が、果たしてどれだけあるか？**

こういった部分が、プレゼンの成否を決めるポイントになってくるわけです。

もし、あなたのプレゼンスが相手に伝わるレベルに達しているのであれば、「紙1枚」プレゼンのスキルはもはや不要になります。


あなたが、「私はA案の方がよいと思います」と口頭で言えば、それで通る。

あなたが、「この商品は必ずお客様の役に立ちます」と言えば、プレゼン資料なんてなくても、もうそれだけで買ってもらえてしまう。

あなたが結論を言うだけで、ほとんど論証することなく提案が通る状態。

提案・報告・連絡・相談等があっという間に完了してしまう日々。


これが、「紙1枚」プレゼンの先にある、「紙0枚」プレゼンの世界です。

もちろん、こんな状態は一朝一夕にたどり着けるものではありません。

ですが、もしあなたがすでに、社会人10年目を超えているのであれば、一つ質問をさせてください。


「あなたには、「紙0枚」プレゼンでOK！　という人が何人いますか？」

答えの人数が多ければ多いほど、あなたは「考え抜く力」を駆使して、これまで多くの人の役に立ち、信頼を勝ち得てきたということを意味します。

逆に、一人も浮かばないということなのであれば……。

ぜひ、これからは「紙0枚」プレゼンでOKなレベルの人を増やすべく、まずは「紙1枚」プレゼンを実践していってください。

「紙0枚」プレゼンでOKな相手に、細かい説明はいりません。

資料を作らなくてもあっさり理解してくれますし、チャットレベルであってもツッコんだコミュニケーションが可能になります。

なにせ相手は、「あなたが言うならそうなんでしょう」という前提で聞いてくれますから、これ以上ないくらい最短時間でのプレゼンが可能です。

ちなみに、この話がタイトルに凝縮されている本として、『スピード・オブ・トラスト』という書籍があります（この本の著者は『7つの習慣』〈ともにキングベアー出版〉のコヴィー博士の長男です）。

まさに、「**トラスト＝信頼は、伝わるスピードアップの源泉**」なのです。

なぜトヨタは「紙1枚」なのか、再び

私が『スピード・オブ・トラスト』を読んだのは、もう10年以上前のことです。

当時はこの本を読むことで、トヨタの「紙1枚」文化の生命線がどこにあるのか、その答えを自分なりに明確に言語化できるきっかけを得ることができました。

「紙1枚」レベルでOKというプレゼンを成立させるためには、そのベースに、聞き手と話し手の間に「トラスト＝信頼関係」が必要なのです。

たとえ本書の通りに「紙1枚」プレゼンを実践したとしても、ベースとなる信頼関係が相手との間にできていなければ、やはりあれこれとツッコまれてしまうでしょう。

「本当に真に受けて大丈夫なのか」という疑心暗鬼の目を向けられている限り、「紙1枚」プレゼンが効果的に機能するのは、残念ながら難しいと言わざるを得ません。

「第3章」で紹介した「0秒」プレゼンのAさんやBさんも、上司との信頼関係があったからこそ、あのようなビフォーアフター体験に至ったわけです。

「紙1枚」プレゼンが機能するかどうかは、相手との信頼関係次第

では、いったいどうやって信頼関係を構築していくのかといえば、日々、仕事について考え抜き、考え抜いた結果を「紙1枚」にまとめて、わかりやすく伝えていく。

まさに「鶏が先か卵が先か」という感じですが、コツコツ実践していれば、実際に「紙1枚」レベルで伝わる場面が少しずつ増えていくでしょう。

そして、そんな日々をさらに積み上げていけば、最終的には「紙0枚」でも伝わるレベルにたどり着くことができる。そんな一段上の高みについて、現時点でも知っておいてほしいのです。

「ビックロ」のネーミング秘話

もう一つ、この部分を書いていて7年ぶりくらいに思い出したことをシェアさせてください。幸いにして、ユニクロのホームページにまだ記事が残っていたのですが、これから紹介する話は新宿にある「ビックロ」に関する内容になります。

ビックロの名付け親は、クリエイティブディレクターの佐藤可士和さんです。

その際に行なわれた、柳井さんとのやりとりを引用してみます。

柳井社長がいきなり言った。「この施設の名前が必要だよね。それ、可士和さん考えてください」。さすがの佐藤さんも、「最初は全然イメージできなかった」と語る。ただ、インパクトが必要だな、と思いながら二、三分考えて、「ビックカメラとユニクロだから、ビックロですかね」と答えた。すると、「うん、そうだ、ビックロだ。そういうことだ」と柳井社長。

周りにいた人たちは、ほとんど冗談だと思って聞いていた気配があった。しかし、「ビックロでびっくらこかすぞ」と社長がダメを押すようにして、それが徐々に規定路線になったという。

まさにこれが、「紙0枚」プレゼンと言える例なのではないでしょうか。

仮にあなたや私が、柳井さんに「じゃあビックロで」と言ってみたところで、1000%採用されません。佐藤可士和さんが積み上げてきた実績があるからこそ、また柳井さんと構築してきた信頼関係や人間関係があるからこそ、こんな意思決定が成立するわけです。

「紙0枚」の世界、少しイメージがわいてきたでしょうか。

「ゼロからイチ」へ、そして再び「イチからゼロ」へ

特に大人数のプレゼンにおいて、その成否を左右するのは、初級段階では「プレゼンの内容」です。この点については、「第3章」までに学んだ技術で十分対応ができます。

ですが、上級段階での優劣は、プレゼンターの「プレゼンス」。

すなわち、「あなたの日々の仕事ぶりのすべて」になります。

どんな毎日を積み重ねてきたか次第で、プレゼンの伝わりやすさや響き方、意思決定までのスピード感などが、すべて決まってしまうのです。だとすれば、周囲にどんな姿を見せながら、日々働いていきましょうか。

本書の内容を実践する。そうすれば、「考え抜く力」を高めていくことができます。

「考え抜く力」もまた、あなたの「プレゼンス」を高める構成要素です。

本書の前半で学んだことを、思い出してください。

「考え抜いた」うえで紡いだ言葉には、「説得力」が生まれてくるのです。

説得力とは、プレゼンスに他なりません。だから、こう書き換えてしまいましょう。


「プレゼン」とは、「プレゼンス」である、そして「プレゼンス」とは、「考え抜く力」のことである。


したがって、**「プレゼン」とは「考え抜く力」そのもの**なのです。

これで、私がなぜ、「序章」で「考え抜く力」が奪われている現状に警鐘を鳴らしたのか、より深くわかってもらえたのではないかと思います。

「考え抜く力」がないと、「プレゼンス」もなくなってしまうのです。

これから先、「プレゼンス＝考え抜く力」を高めていくことは、どんどん難しい時代になっていくでしょう。にもかかわらず、デジタル化の進展により、「紙なし」シチュエーションでプレゼンをやらなければならない場面は、むしろ増えていく。

素直に考えれば、ビジネスコミュニケーションの未来は暗いです。このままでは、日本中がコミュニケーション不全に陥ってしまいかねません。

いったいどうすれば、この未来に抗うことができるのでしょうか？

「繰り返し思考整理をすることで、考え抜いて仕事をする習慣」を何としても身に着ける。

これが、個人レベルであなたにできることです。


本書と出会う前のあなたは、「**紙0枚**」プレゼンがメインだったかもしれません。

本書に出会ったことで、今後は「**紙1枚**」プレゼンを実践していくことになります。


ですが、最終ゴールは、プレゼンスをまとった「**紙0枚**」プレゼンです。

何年かかるかは人それぞれだと思いますが、どうか将来、もう一度「紙0枚」の世界に戻ってきてください。「紙1枚」の世界には、決して安住しないでください。

「ゼロからイチ」へ、そして再び、「イチからゼロ」へ

私自身も道半ばです。この「0と1が織り成すらせん階段」を、ともに登りつめていきましょう。

おわりに

「読み切り、やり切り、考え抜く」からこそ見えてくる世界

私は学生時代から20年以上、趣味で仮面ライダーシリーズを見続けています。もうここまでくるとほとんど意地の境地というか、今さらやめられないという心境です。いつ完結するかわかりませんが、とにかく最終作まで見届けるつもりでいます。

それにしても、こんなことでも20年以上積み上げていると、驚くべき展開が起きたりします。

本書を執筆していた２０１９年末から２０２０年にかけては、『仮面ライダーゼロワン』という作品が放映されています。

令和元年＝01年に始まった最初の仮面ライダーということで「ゼロワン」という名を冠しているわけです。

一方で、この本は私にとっての「令和最初の作品」になります。

だからこそ、仮面ライダーの制作陣が、どうやって「令和最初の作品ならでは」という要素を構築していったのかについては、他人事とは思えないくらい関心を寄せていました。

彼らが打ち出した答えは、「元年＝01＝デジタル」。

そこに「ＡＩ」や「シンギュラリティ」「ディープラーニング」といったちょっとだけ近未来的・新時代的なキーワードを散りばめていく。

でも、メインはあくまでも「機械vs人間」とすることで、子供にもわかりやすい世界観として構築していったわけです。

以上は私の好き勝手な解釈ですが、これを自分の本づくりに置き換えてみました。すなわち、私にとっての「ゼロワン」は何だろうか？　と考えてみたわけです。

こんな訳のわからない手法でコンセプトメイキングをやっているビジネス書作家は、間違いなく私しかいないと思います。

そして、実際に浮かんだコンセプトが、次の1行です。

ゼロワン＝「紙0枚」と「紙1枚」

ここから、次のようなシナリオを組んでいきました。

●近年のデジタル化の影響によって、「紙0枚」で仕事を済ませようとするビジネスパーソンが増えてきている。
しかし、そんなことをやっているから、「考え抜く力」の弱体化が起きている。

●人類がデジタル化に抗うための武器が、「紙1枚」プレゼンだ。
ただし、「紙1枚」プレゼンの先にはあるのは、
実はプレゼンスという名のオーラをまとった「紙0枚」。
●「紙0枚」から「紙1枚」、そしてまた「紙0枚」の世界へ。

まさか仮面ライダーを見ながら、自分の本のシナリオを構築できるなんて思ってもみませんでしたが、何はともあれ、令和一作目に相応しいユニークな本が書けたのではないかと思います。

非常に楽しい執筆体験となりました。


本書は、日本実業出版社の大野雄樹さんから出版オファーをいただいたことによって実現しました。この場を借りて深く感謝申し上げます。大野さんはこれまでずっと営業部門で仕事をされていたので、実は本書が編集者としてのデビュー作になります。

まさに大野さんにとっての「ゼロワン」がこの本になるわけです。

私のデビュー作の時もそうでしたが、「ゼロワン」には何とも形容しがたい不思議なエネルギーが宿ります。

そうした「初物パワー」とでもいうべきものが、より多くの読者の手に、本書が届く原動力となっていく。

そんなことを願っています。


加えて、もう一つ大事な大事な感謝を。

本書は、3歳児と1歳児の子育てをしながら執筆しました。

思うように執筆時間が確保できず大変な局面もあったのですが、妻をはじめ多くの方々のサポートのおかげで、なんとかここまで来ることができました。

本当にありがとうございました。


最後に、読者であるあなたにも感謝のメッセージを述べさせてください。

ここまでたどり着いてくれて、ありがとうございました。

読書離れが叫ばれて久しいなか、こうして1冊の本を最後まで「読み切る」というのは、実に尊いことです。

「考え抜く」「出し切る」「登りつめる」等々、本書ではさまざまな言い回しを使って「やり切る」ことの大切さについても語ってきたつもりです。

今回この本を最後まで「読み切った」という体験は、間違いなくこれからの大きな財産になります。

まずはそのことについて、心の底から自身にOKをだしてください。

そして今度は、本書の実践を「やり切る」べく、また新たなスタートを切っていってください。

そのためのサポート特典もご用意しています。

●本書で紹介した「三つの資料フォーマット」のダウンロード
●フォーマットの効果的な活用法について解説した動画講義
●本書の理解がさらに深まる参考文献やおすすめ書籍の紹介動画

等々、いずれも期間限定で公開しています。また、時期によって内容が変更になる場合もありますので、次のURLもしくはQRコードからさっそくアクセスしてみてください。

サポート特典の公開ページ：
https://asadasuguru.com/zero-one

あなたの初めの一歩、「ゼロワン」を心から応援しています。

令和01年大晦日　京都にて　浅田すぐる

浅田すぐる（あさだ　すぐる）
「1枚」ワークス（株）代表取締役。作家・社会人教育の専門家。
愛知県名古屋市出身。トヨタ自動車（株）入社後、海外営業部門に従事。同社の「紙1枚」仕事術を修得・実践。米国勤務などを経験したのち、6年目で同社のグローバル企業ウェブサイト管理業務を担当。企業サイトランキングで全業界を通じ日本一を獲得する。その後、（株）グロービスへの転職を経て、2012年に独立。
現在は、社会人教育の世界で、企業研修・講演等を多数実施。主な講義テーマは、"トヨタで学んだ、「紙1枚」書くだけのコミュニケーションカイゼン"。累計受講者数は10,000名以上。大企業・中小企業問わず、登壇実績多数。2017年には中国・広州にて海外企業研修を実現。2018年には、ルーツであるトヨタにて、パナソニック（株）との合同管理職研修にも登壇。また、独自の教育プログラムとして1年間のビジネススクール：「1枚」ワークスを開講。加えて、シーズン制のオンライン動画学習コミュニティ：「イチラボ」を主宰。いずれも日本全国だけでなく、海外からも受講者が集まる人気講座となっている。7年間配信し続けているメールマガジンは、読者数16,000人超。2015年からは、作家としてのキャリアもスタート。デビュー作は、『トヨタで学んだ「紙1枚！」にまとめる技術』（サンマーク出版）。年間ビジネス書ランキング4位、海外5か国翻訳のベストセラー・ロングセラーに。著者累計は41万部超。全著作が2か国以上で翻訳されるなど高い実績を長年に渡り継続し、多くの反響を呼んでいる。

■公式ホームページ：　https://asadasuguru.com/
■公式メールマガジン：　https://asadasuguru.com/mail-magazine/

説明0秒《せつめいゼロびょう》！ 一発《いっぱつ》OK！
驚異《きょうい》の「紙《かみ》1枚《まい》！」プレゼン

2020年4月10日　初版発行

著　者　浅田すぐる
発行者　杉本淳一

発行所　株式会社日本実業出版社　東京都新宿区市谷本村町3-29 〒162-0845
大阪市北区西天満6-8-1 〒530-0047
編集部　☎03-3268-5651
営業部　☎03-3268-5161　振　替　00170-1-25349
https://www.njg.co.jp/

印刷／厚徳社　製本／若林製本

この本の内容についてのお問合せは、書面かFAX（03-3268-0832）にてお願い致します。
落丁・乱丁本は、送料小社負担にて、お取り替え致します。

ISBN 978-4-534-05775-4 Printed in JAPAN